JN051692

松本敏郎・野老山貴行 著

みんなのFortran

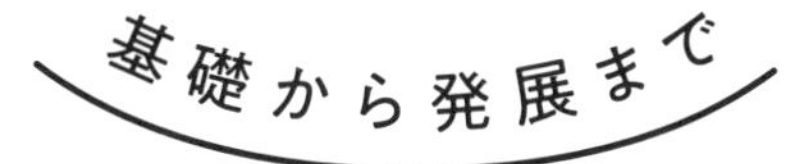

Modern Fortran for Everybody

名古屋大学出版会

まえがき

本書のタイトルにあるFortranは，C言語と並んでコンピュータの開発の初期段階から使用されているプログラミング言語であり，数式を用いた複雑なアルゴリズムでも高速に動作するプログラムを作ることができる．古くから使用されている言語であるため，ソフトウェアやライブラリとして過去の膨大な蓄積があり，それらは旧来の言語仕様で作られたものも多いが，現在でも有効に利用できる．近年のAI（人工知能）やVR（仮想現実）・AR（拡張現実）等における数値計算のニーズの高まりのなかで，Fortranは依然人気のあるプログラミング言語として，科学，工業，医療などの重要な戦略的分野で様々に使用されている．そのため，公開から60年以上経っているにもかかわらず，現在も20の最高のプログラミング言語のリストに含まれている．

その一方，プログラミング技術の進歩はめざましく，新しい考え方を取り入れた言語仕様の策定が議論されてきた．現在のFortranは1991年に国際規格で承認されたFortran 90がベースになっている．

本書では2008年の最新規格であるFortran 2008に基づく仕様のうち，大学初年度向けの入門的内容から，大学・企業の研究でも有用な事項まで幅広く取り上げる．今後のFortranの発展を考えると，Fortranの過去の規格から順番に理解する必要性は乏しいと考え，最新規格の内容に絞りつつ，科学技術計算用のソフトウェア開発に必要となる基本的な文法事項はできるだけ盛り込んだ．

現在，数多くのプログラミング言語があるが，何か1つの言語を身につければ，他の言語の習得は比較的短期間かつスムースに行うことができる．他のモダンなプログラミング言語の特徴の多くが，現在のFortranにも組み込まれており，オブジェクト指向的プログラミングや他の言語との連携も容易になっている．本書では，それらの中から，Fortran 2003から取り入れられた新しいC言語プログラムとの結合方法，Fortran 2008 の標準仕様として取り入れられた coarray による並列化への拡張，Fortran からの他の言語で書かれたプログラムの操作など，より実用的なプログラムに発展させる上で有用な点についても，プログラム例とともに説明を加えた．Fortran を学習の出発点として様々なプログラミング言語の習得へと発展されたい．

プログラミング言語の習得のためには，実際にプログラムをコンパイルして動かしたり，作ってみることが重要である．いくら文法書を読んでも，実際に作ってみたり動作チェックを行わなければ習得することは困難である．また，日常の作業で直面する面倒な作業や計算を，学んだばかりのプログラミング言語を用いてプログラムを作り，処理の効率化に対する圧倒的な効果を経験することは学習の大きな励みになると考える．さらに，高度なプログラミング技術を身につけるためには，研究や開発の第一線で働いている人たちが書いたプログラムを見る機会を作ったり，ソースが公開されているライブラリなどを読んでみるとよい．本書がそのための端緒となれば幸いである．

本書で示したプログラム例は，Fortran プログラムの編集を Microsoft 社のエディタ VSCode を用い，コンパイラとしてフリーソフトウェア開発プロジェクト GNU のもとで開発された GNU Fortran（コマンド名は `gfortran`）を用いて動作テストを行っている．これらのエディタとコンパイラは Windows，MacOS X，Linux のいずれの OS でも使用することができるが，Windows のファイルやディレクトリの表示方法は，MacOS や Linux のターミナルと少し異なっているので，第 1 章で簡単に説明を加えた．Windows での一部の使用例を除き，本書で想定した使用環境の大部分は MacOS と Linux であるが，ディレクトリの表現方法を変えればそのまま Windows 環境下でも使用できる．本書記載のプログラム例は，出版社のウェブサイトよりダウンロードできるようにする予定である．

本書の執筆にあたり，名古屋大学出版会には忍耐強く対応していただいた．紙面を借りて御礼申し上げたい．

2022 年 2 月 22 日

松本 敏郎，野老山 貴行

目　次

第1章

プログラミングを始める前に

1-1　計算機とプログラミング

われわれの身の回りにはプログラムによって動作している機器があふれており，大量のデータを処理する人工知能が実生活の様々な局面で使われるようになってきた．天気予報をはじめ，地震動や化学変化など様々な物理現象のシミュレーションは，背景となる理論をもとに開発されたプログラムを動かしてなされている．個々人がコンピュータを使用することも特別なことではなくなり，小学校でプログラミング授業が開始されるなど，コンピュータプログラミングは重要性を増している．プログラミング言語には多くのものがあり，制御システム，IoT，電子機器の開発，天気予報，流れ解析，構造解析，統計処理，データサイエンス，人工知能，機械学習，スマートフォンなどのアプリケーション開発，ゲーム開発，Web ページの開発などの用途ごとに，向き不向きがある．本書は，そのなかで Fortran を用いたプログラミングを解説する．

Fortran は物理現象などの科学技術計算を目的として開発された．1957 年に最初のコンパイラが IBM 社から登場した古いプログラミング言語であるが，極めて高速に動作したことから急速に広まった．その後コンピュータやその周辺機器の発達と合わせて改良が進められ，アメリカ規格協会（American National Standards Institute）で ANSI 規格として 1977 年に承認された Fortran は，Fortran 77 として広く普及した．現在も Fortran 77 で開発された多くの科学技術計算用のプログラムやライブラリが動いている．Fortran はその後もプログラミング技術の発展などを反映して改良され，1991 年に国際規格として承認されたものが Fortran 90 として，現在使われている Fortran の基本形となっている．Fortran 77

は Fortran 90 の下位互換となっており，Fortran 77 を使用して作ったプログラムは Fortran 90 の規格内で使用可能となっている．しかしながら，Fortran 77 の中の時代遅れの機能は，それ以降の Fortran の改定で徐々に削除されてきており，Fortran 95, Fortran 2003 を経て，現在は多くの環境で最新規格である Fortran 2008 に準拠したプログラムをコンパイルして使用できるようになっている．

1-2　プログラミング言語

プログラミング言語はコンピュータを操作して情報の処理を行うための命令体系である．コンピュータの基本的な構成としては以下のものがある．

(1)　演算装置：コンピュータによる演算を行う部分を CPU（Central Processing Unit；中央処理装置）といい，コンピュータの中心的な処理装置を意味している．この CPU には制御装置と演算装置が内蔵されている．

(2)　入力装置：キーボード，マウス，（ファイル）など

(3)　記憶装置：コンピュータに実装されているメモリ，ハードディスク，USB メモリなど

(4)　出力装置：ディスプレイ，（ファイル）など

コンピュータでプログラムを作成する（プログラミング）ということは，「CPU が理解できる命令」を与えることである．コンピュータ内部では 0 または 1 という数字の配列によってプログラムが処理されているが，このような数字の配列を人間が理解することは不可能であり，人間が理解しやすい自然言語に類似する文法からなる文の組み合わせにより，プログラミングを行っている．

プログラミング言語としては，機械語，アセンブリ言語，Fortran，ALGOL，C，C++，Objective C，C##，Swift，GO，Basic，COBOL，Pascal，Ada，PL/I，Lisp，Prolog，Java，Groovy，Kotlin，JavaScript，Visual Basic，PHP，SQL，Julia，Rust，R，各種シェルスプリクト，Perl，Ruby，Python，MATLAB，Octave，Mathematica，Maple，Maxima など多数が存在している．

これらのプログラミング言語は,

- 高級言語：英語に似た言語で記述され，文法を持ち，人間が意味を理解しやすい
- 機械語：2 進数の配列であり，簡単な計算も 2 進数の命令の組み合わせで作成され，人間が見ただけではわかりにくい

という二つの言語に大別される．実際には文法を有する高級言語を用いて人間がわかる形のプログラム文によって命令文を作成し，これを機械が理解できる機械語に翻訳（コンパイル）する必要がある．

Fortran は高級言語に属するが，高級言語開発の初期から存在し，最適化されたコンパイラで機械語に変換されていたため，C 言語と並んで最も高速に動作するプログラムを作成することができる言語の 1 つである．数学的なアルゴリズムの記述が極めて容易で，高度な科学技術計算プログラムを少ない労力で開発することができる．前述のように，現在の Fortran は 1991 年に標準化された Fortran 90 がベースとなっている．したがって，Fortran プログラムのソースファイル（プログラムを保存したテキストファイル）の拡張子は，「`.f90`」をつけるのが普通である．

1-3　プログラムの編集とコンパイル・実行

プログラムはコンピュータに実行させる様々な処理を文字列（テキスト）で記述したものである．プログラムを作成するにはテキストを編集するソフトウェア（エディタ）が必要となる．また，プログラムを機械語に翻訳するにはコンパイラが必要となるが，Fortran のコンパイラとしては無償で使用できる GNU Fortran などがある．

エディタで作成されるプログラム文は，「`****.txt`」のようにテキスト文書として保存されている．この「`.txt`」の部分は拡張子と呼ばれている．Fortran コンパイラでコンパイルするためには，ファイルの拡張子を「`.f90`」にして保存

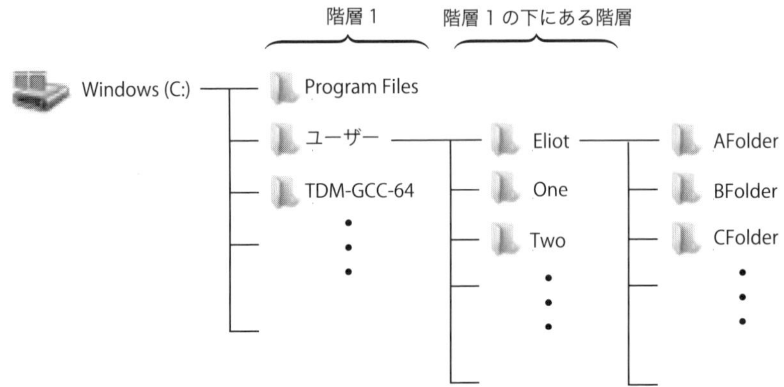

図 **1.1** Windows のファイル構成の例

する必要がある．

Windows で拡張子が最初から見えない設定になっている場合，以下の操作で見えるようになる．

1. 拡張子を確認したいフォルダを開き，「表示」タブをクリックする．
2. ファイル名拡張子のチェックボックスをクリックする．
3. このフォルダ内のファイルに拡張子が表示される．

ところで，コンピュータの動作はオペレーティングシステム（OS）が行う．コンピュータではファイルを階層的に管理している．よく用いられている OS は，パーソナルコンピュータ（PC）では Windows や MacOS であるが，ソフトウェア開発では PC やワークステーションで Linux がよく用いられる．いずれの OS においても，ファイル管理の方法はよく似たものとなっている．

まず Windows について述べると，記憶装置であるドライブはアルファベットをつけて分類される．OS は C ドライブに保存されており，「C:¥」という表示の後ろにファイルの位置が表示される．階層構造の最上位はルートディレクトリと呼ばれ，図 1.1 のようにファイルの保存先の階層構造の根となっている．「C:¥」は Windows OS が格納されているルートディレクトリである．ルートディレクトリは外付けハードディスクドライブ（HDD）などドライブごとにあり，例えば「E:」などのように表示されている．ディレクトリとは階層構造の位置のことであり，ディレクトリの区切りはWindowsでは記号¥（またはバックスラッシュ\）で表示される．

例えば「ユーザー」というフォルダをダブルクリックして開いている状態のとき，この「ユーザー」フォルダは「カレントディレクトリ（current directory）」と呼ばれ，自分が作業をしている現在のディレクトリである．このように画面内のアイコンをクリックしてコンピュータを操作する仕組みをGUI (Graphical User Interface) と呼ぶ．これに対してコマンドプロンプトと呼ばれるソフトウェアでは，表示されるウィンドウ内でコマンド名やファイル名をキーボードから入力することで，ディレクトリ間の移動やプログラムの実行が可能である．ウィンドウやメニュー，ボタンが使われていなかったときから利用されている方法であり，様々な作業に対応できる強力な方法である．

コマンドプロンプトを起動すると，Windowsでは図1.2のような画面から始まり，カレントディレクトリはCドライブのUsersというフォルダ内にある「Eliot」というフォルダであることがわかる．

ディレクトリ間の移動には，コマンドプロンプトからcd「移動先のディレクトリ名」と入力してエンターキーを押す．

例えばカレントディレクトリを「Eliot」としたとき，以下のコマンド（下線部分）を入力してエンターキーを押した場合を考える．

```
C:¥Users¥Eliot>cd Afolder
```

上のコマンドによりEliotフォルダの一つ下の階層にあるAfolderへ移動する．移動後の表示は次のようになる．

```
C:¥Users¥Eliot¥Afolder
```

Eliotディレクトリから最上位のルートディレクトリに移動するには，次の下線部のように入力してエンターキーを押す．

```
C:¥Users¥Eliot>cd ¥
```

移動後の表示は次のようになる．

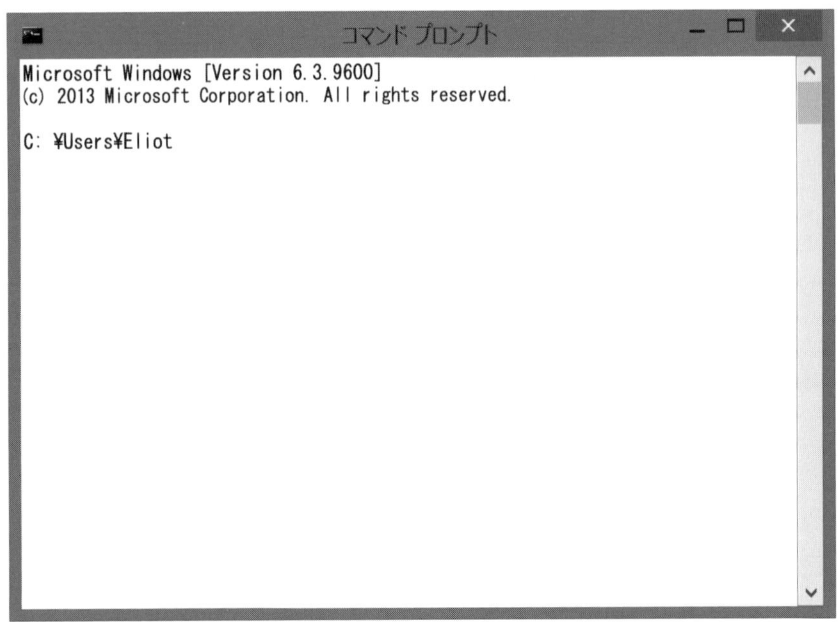

図 **1.2**　Windows のコマンドプロンプトの画面の例

```
C:¥>
```

Linux や MacOS ではターミナルというアプリケーションを用いることができる．これらの OS では，ドライブに相当するものは「ボリューム」と呼ばれる．これらの場合はルートディレクトリは 1 つであり，その下の `Volumes` というディレクトリの中に個々のボリュームが置かれる．ディレクトリの区切りには記号スラッシュ / が用いられる．カレントディレクトリが `Mary` の場合，カレントディレクトリを表示するコマンド `pwd` を入力すると

```
/Users/Mary
```

と表示される．さらに，`Mary` ディレクトリの一つ下の階層にある `Adir` へ移動するには

```
cd Adir
```

と入力すればよい.

Fortran のプログラムは，テキストファイルとして編集・保存する必要があるので，必要最小限な機能として文字列の入力，削除などの編集とファイルへの保存ができるエディタが必要となる．近年は，視認性を良くして効率的な編集作業が可能となるように，プログラミング言語ごとにコマンドなどのキーワードに色をつけて表示することができる編集ソフトウェア（例えば Microsoft の VSCode エディタ）が数多く存在する．VSCode はそれ自身のターミナルももっており，Windows 版においても，Linux や MacOS のようにコマンドプロンプトよりも高機能な Windows PowerShell が実装されている.

Fortran プログラムのソースファイル（プログラムを文字で表現したもの）を，拡張子を「`.f90`」として保存した後の一連の操作も，すべてコマンドプロンプトやターミナルからコマンドを入力して実行する．保存したファイルを，Fortran コンパイラによって，コンピュータで実行可能な機械語のプログラムに変換（コンパイル）する．これらコンパイルにより完成した実行可能なプログラムは，プログラム名を入力してエンターキーを押すと実行することができる．表 1.1 には，コマンドプロンプトやターミナルで Fortran プログラムを作成する際によく使われるコマンドをまとめた.

様々な OS で，以上のような流れでプログラムの作成，実行ができるが，プログラム開発のプロジェクトを定義し，必要なソースファイルの編集やリソースファイルの追加を行い，アプリケーションを開発する高度なソフトウェア（Visual Studio, Eclipse, Xcode など）も存在する．これらは日々更新され，仕様の変更や最新の機能の追加がなされる.

Fortran のプログラムの作成から実行までの手順を整理すると次のようになる.

1. エディタを使用してプログラムのソースファイルの入力・修正・保存
2. コマンドプロンプトないしターミナルからコンパイルを行い，文法上のエラー（Syntax error）が出た場合にはソースファイルの修正
3. コンパイルにより生成された実行可能なプログラムのプログラム名を入

表 1.1　よく使われるコマンドプロンプトないしターミナルのコマンド

コマンド	機能
`cd`	ログイン時のユーザーのホームディレクトリに移動
`cd` ディレクトリ名	ディレクトリ名で指定されたディレクトリに移動
`cd ..`	1 階層上のディレクトリに移動
`cd ../..`	2 階層上のディレクトリに移動 （Windows では/の代わりに ¥または\を用いる）
`pwd`	現在のディレクトリを表示
`ls`	現在のディレクトリに存在するフォルダ名，ファイル名の一覧を表示 （Linux, MacOS, Windows Powershell のターミナルの場合）
`dir`	現在のディレクトリに存在するフォルダ名，ファイル名の一覧を表示 （Windows のコマンドプロンプトの場合）
`del` ファイル名	`del` の後ろに入力したファイルを削除 （Window のコマンドプロンプトの場合）
`rm` ファイル名	`rm` の後ろに入力したファイルを削除 （Linux，MacOS，Windows Powershell のターミナルの場合）
`gfortran`	GNU Fortran（フリーの Fortran コンパイラ）における Fortran ソースファイルのコンパイル用コマンド

力して実行し，動作チェックを行い，論理的な間違いがないかチェックする．必要に応じて 1 に戻って繰り返す．

上記の手順でソースファイルをコンパイルする際にエラーが発生した場合は，発生した場所，エラーコードとエラーの内容に関するメッセージが出力される．複数のエラーが発生した場合は最初の方から順番にプログラムのソースを修正していく．初歩的なエラーで特に多いのはスペルミス，全角文字で空白や英数字を挿入している場合などがある．

図 1.3 に，Fortran プログラムを作成中のディレクトリ（フォルダ）の編成の例を示す．この図の場合，`/Users/user/fortran` ディレクトリ（フォルダ）に 2 つの Fortran プログラムのソースファイル `program1.f90` と `program2.f90` が置いてある．

ソースファイル `program1.f90` からコマンド `gfortran` で実行可能なプログラムを作成する場合，コンピュータのターミナル（Windows の場合はコマンドプ

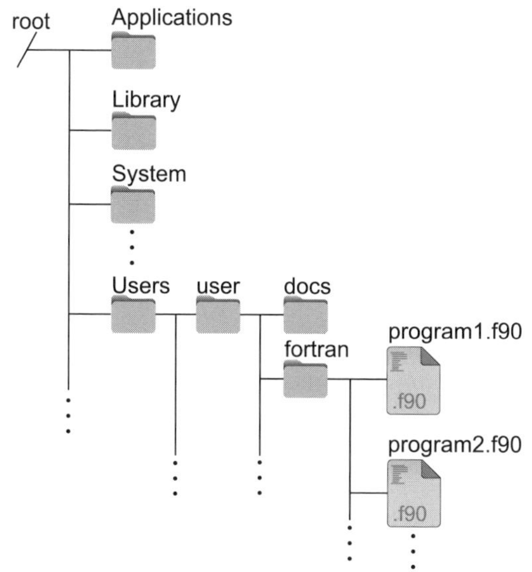

図 **1.3**　ディレクトリ（フォルダ）の編成と Fortran プログラムの場所の例

ロンプト）への入力の流れは例えば次のようになる.

```
1  user@PC ~ % cd fortran
2  user@PC fortran % pwd
3  /Users/user/fortran
4  user@PC fortran % ls
5  program1.f90   program2.f90
6  user@PC fortran % gfortran program1.f90 -o appli
7  user@PC fortran % ls
8  appli    program1.f90   program2.f90
9  user@PC fortran % ./appli
10  Hello, world!
```

この例の場合, ユーザー名は user であり, ログイン時のディレクトリ（ホームディレクトリ）は/Users/user である.「user@PC ~ %」は, 現在コンピュータ名が PC でユーザー名が user のホームディレクトリにいることを意味している. このディレクトリで, 1 行目の cd fortran を入力してエンターキーを押して実行すると, fortran ディレクトリに移動する. 移動したことは, コマンド pwd

を実行すると確かめられる．このディレクトリでコマンド ls を実行すると，2 つの Fortran プログラムのソースファイル program1.f90 と program2.f90 があることが確かめられる．ここでは内容は示さないが，program1.f90 は「Hello, world!」というメッセージを表示するプログラムである．ここで Fortran コンパイラである gfortran コマンドを実行して，program1.f90 から実行可能なプログラム appli を作るには，6 行目のように入力する．これは，「program1.f90 をコンパイルして実行可能なプログラム appli を作成せよ」という gfortran の命令となっている．実行後，7 行目のようにコマンド ls を実行すると，8 行目のように appli が新たに作成されていることがわかる．さらに，./appli（「現在のディレクトリにある appli を実行せよ」という意味）と入力してエンターキーを押すと，appli が実行されて 10 行目のようにメッセージ「Hello, world!」が表示される．

これまでの例では，コンパイルコマンドでソースファイルをコンパイルすると一気に実行可能なプログラムが作成されていた．この過程では，1 つのコマンドでソースファイルがオブジェクトコードと呼ばれる機械語のプログラムに変換され，さらにそれにプログラムを起動するために必要な機械語の部分を結合する処理が行われていた．実際のソフトウェアの開発では，プログラムは一つ一つが何らかの処理を行う複数のプログラムに分けられる．そのような場合は，まず個々のソースファイルをコンパイルして，オブジェクトコードにそれぞれを変換する．次に，オブジェクトコードを 1 つにリンク（結合）することにより，実行可能なプログラムが作成される．これらについては 8-2 節と付録 B で説明する．

第2章

Fortranプログラムの基本構造と簡単な例

2-1　簡単なプログラミング

Fortranによる簡単なプログラムの例として，有名な「Hello, World!」という文字列をコンピュータのディスプレイに表示するプログラムをプログラム2.1に示す．通常は表示されない半角スペースを，記号「␣」を用いて表示している．

プログラム 2.1　文字列を表示する簡単なプログラム例

```
1 program hello
2    print *,'Hello,␣World!'
3 end program hello
```

このプログラムの左端の番号はプログラムの各行の番号を表しており，本書で行を参照するために記載しているもので，実際のプログラムにはこのような番号の入力は必要ない．また，本書では見やすくするためにプログラム中のFortranのキーワードを太文字で表示しているが，ワープロ等で用いられるこのような文字の修飾は実際はプログラム中では用いられない．しかしながらプログラムを見やすく表示するために，プログラムを編集するエディタ等のソフトウェアの表示機能として，Fortranのキーワードを別の色で表示する機能などが用意されている．

以下に，プログラム2.1の内容を説明する．

- 1行目は`program`文である．Fortranのプログラムは`program`文で始まり，`end program`文で終わらなければならない．`program`文の`hello`はプログラムの名称であり，3 行目の end program 文もこの名称 hello を伴う．program 文と end program 文で囲まれた部分が主プログラムの単位である．また，2-3 節と第 6 章で説明するように，このプログラムの中に実行に際して使用される複数の別のプログラムを含めることもできる．

- 2 行目は print 文であり，コンピュータのディスプレイに文字列「Hello, World!」を表示せよという命令である．一重引用符「'」または二重引用符「"」で囲んだ部分は文字型定数となる．記号「*」は表示の形式は標準で用意されている形式に任せるという意味である．実際の出力では，最初に半角空白文字が追加されて表示される．プログラムの構造をわかりやすく表示するために，2 行目は program 文と end program 文より右側にインデント（字下げ）して入力されている．Fortran のプログラムでは，キーワードや演算子・変数間に 1 個以上の空白を入れることができる．適切な空白を挿入することにより，プログラムの構造を見やすくすることができる．

プログラム 2.1 を hello.f90 という名前でテキストファイルとしてコンピュータのデスクトップに保存した場合を考えよう．コンピュータのターミナル（Windows の場合はコマンドプロンプト）から以下の太字のように入力して，gfortran コマンドにより hello.f90 を機械語の実行可能なプログラム「a.out」（Windows の場合は「a.exe」）に翻訳（コンパイル）している．さらに「./a.out」（Windows の場合は「.¥a.exe」）と入力してこれを実行すると，「Hello, World!」と表示される．実行可能なプログラム名を別の名前のもの，例えば「hello」と指定してコンパイルするには，7 行目の「gfortran hello.f90 -o hello」のように，オプション「-o」の後ろに指定したいプログラム名を記述する．得られたプログラム「hello」も「./hello」と入力すれば実行できる．

```
user@PC ~ % cd Desktop
user@PC Desktop % gfortran hello.f90
user@PC Desktop % ls
a.out            hello.f90
```

```
user@PC Desktop % ./a.out
 Hello, World!
user@PC Desktop % gfortran hello.f90 -o hello
user@PC Desktop % ls
a.out           hello           hello.f90
user@PC Desktop % ./hello
 Hello, World!
```

この例ではコンパイラとして GNU（フリーソフトウェアを開発するプロジェクト）の Fortran コンパイラを使用しているので gfortran コマンドを用いているが，ほかのコンパイラや商用のコンパイラを用いる場合のコマンド名は別のものとなる．

次の例として，2 つの整数をキーボードから入力してその加減乗除をディスプレイに表示するプログラムをプログラム 2.2 に示す．

プログラム 2.2　加減乗除を計算して出力する簡単なプログラム例

```
! プログラム例
program wasasekisho
    implicit none
    integer :: a,b  !2つの整数
    integer :: wa   !和
    integer :: sa   !差
    integer :: seki !積
    integer :: sho  !商
    print *,'整数aを入れてください．'
    read *, a
    print *,'ゼロでない整数␣b␣を入れてください．'
    read *, b
    wa   = a + b
    sa   = a - b
    seki = a * b
    sho  = a / b
    print *, 'a+b=',wa
    print *, 'a-b=',sa
```

```
19       print *, 'a*b=',seki
20       print *, 'a/b=',sho
21       stop
22    end program wasasekisho
```

以下に，プログラム 2.2 の各行の処理について説明する．

- 1 行目の感嘆符「!」で始まっている行は注釈（コメント）を表す．プログラム内では感嘆符以降の部分は無視され実行には影響を与えない．注釈は，4〜8 行目のように感嘆符とともに行の途中から記述することも可能である．日本語を用いることもできる．
- 3 行目の implicit none は，プログラム中で使用する変数は全て明示的に宣言する（型宣言）ことを意味している．このような文があるということは，変数を明示的に宣言しないで使用することも可能な余地（暗黙の型宣言という）が残されているわけではあるが，誤りのないプログラムを作る作法として implicit none を必ず書いて明示的に変数の型宣言を行う習慣をつけるべきである．
- 4〜8 行では整数型の変数 a, b, wa, sa, seki, sho をプログラム中で使用することを宣言している．型宣言は使用する変数をコンピュータのメモリ上に展開する方法を指定するものであり，型名（この場合は整数型の変数を宣言する integer）の後ろにコロン「:」を 2 つ続け，その右側に宣言する変数名を書く．2 つ以上並べるときはコンマで区切る．変数名は英字で始まり，英字，アンダースコア「_」，数字の組み合わせで最大 31 文字からなるものである．空白はコンパイル時に読み飛ばされるので，4 行目は

```
integer::a,b
integer ::  a, b
integer::  a, b
```

のいずれも同じ意味となる．空白を適切に挿入することにより，プログラムは読みやすくなる．

■ 10 行目の read は，キーボードから整数型の変数 a に整数値を読み込ませるための命令である．10 行目が実行されると，キーボードから適切な整数値が入力され，エンターキーが押されるまでプログラムの実行が止まる．整数値をキーボードで入力し，エンターキーを押すと変数 a にその整数値が代入され，次の 11 行目に実行が移る．read 命令には，キーボードやファイルなど，どこから読み込むかを個別に指定できる形式も存在するが，これについては第 3 章で説明する．

■ 13 行目は変数 a と b の値の和を計算し，その結果を変数 wa に代入せよという命令である．同様に 14〜16 行は a と b の差を変数 sa に，積を変数 seki に，商を変数 sho に代入せよという命令である．等号「=」は等号の左辺と右辺が等しいという等式を表しているわけではない．等号はその右側の計算を実行して得られる値を等号の左側の変数に代入せよという命令文となっていることに注意しよう．したがって，例えば次のような文も意味を持つことになる．

```
s = s + 1
```

これは，変数 s に格納されている値に 1 を加えた値を計算し，それを改めて変数 s に格納せよという命令になる．

■ 16 行目の sho = a/b には注意が必要である．変数 a と b はともに整数型であるので，a/b の計算結果は整数に丸められて変数 sho に代入される．例えば a=5, b=3 の時は a/b=1 となり，sho には 1 が代入される．

■ 21 行目の stop は，プログラムの実行をこの位置で終了させる命令である．プログラム 2.2 では全ての命令の最後の位置にあるので，stop 文がなくてもプログラムの実行は自動的に終了する．また，プログラムの途中で一定の条件のもとで実行を終了させたいときは，その位置に stop 文を書く．

2-2 プログラミングで用いる基本文字セット

Fortranのプログラムは，トークンと呼ばれる意味を持つ単語から構成される．トークンはプログラムの名称や変数名のような識別子，キーワード，定数や文字列リテラル（文字型定数），シンボルに分類される．識別子に使用できる文字列は半角の英字A, B, …, Z, a, b, …, zと数字0, 1, …, 9とアンダースコア「_」である．大文字と小文字の区別はなく，どちらを用いてもよいが，識別子の先頭は英字のみ使用可である．例えば変数OMEGAとomegaは同じ変数として扱われる．また，alpha_0やBETA_は使用できるが0alphaや_alphaは使用できない．キーワードには半角英数字といくつかの記号が用いられる．定数には，整数型，実数型，複素数型，論理型があり，文字列リテラルは一重引用符「'」または二重引用符「"」で囲まれた文字列である．文字列リテラルには，半角英数字，半角シンボル以外の文字を用いることができる．

プログラム中で使用できるシンボルを表2.1に示す．

表 2.1 プログラム中で使用できるシンボル

アンダースコア（識別子に用いることができる）	_
加減乗除を表す二項演算子	+ - * /
等号，不等号	= < >
区切り用	, : ;
小数点	.
複数行に分割する記号	&
構造体のメンバを参照	%
これ以降を注釈とみなす	!

2-3 Fortranプログラムの基本構造

先に示したように，Fortranのプログラムは次の構造からなる．

```
program プログラム名
    [宣言部]
    [実行部]
    [内部副プログラム部]
end program プログラム名
```

宣言部は，使用するモジュール（後述）の宣言，暗黙の型宣言をどのように取り扱うかを記載する implicit 文，プログラム内で使用する変数，関数，副プログラムの宣言部からなる．**なお，本書中の説明の記述においては，カギ括弧 [ ] で囲まれた部分は省略される場合がある，あるいは省略可能であることを意味する．**

実行部には，実行命令，代入，実行の制御を記述する．

内部副プログラム部には関数やサブルーチンと呼ばれる，主プログラム（あるいは副プログラム中で使用する別の副プログラム）中で使用するための一つのまとまった処理を行う別のプログラムを記述する．また，モジュール，関数プログラム，サブルーチンは，個別のファイルで作成して別々にコンパイルし，一つの実行形式のプログラムにリンク（結合）することができる．これらの具体的な方法は第 6 章で詳しく説明する．

前述の識別子の命名規則で説明したように，Fortran のプログラム名は次の規則に従う必要がある．

(1) プログラム名には半角英数字，アンダースコア「_」のみを用いる．
(2) プログラム名の先頭は英字のみを使用する．
(3) プログラム名は 31 文字以内とする．

演習 2.1　以下のプログラムはコンパイルができない．誤っている部分を訂正せよ．（スペルの誤りが 2 カ所，全角半角文字の誤りが 2 カ所，プログラムの記述の誤りが 1 カ所ある．）

```
1  program enshu2_1
2     impricit none
3     real :: a,b,h,S
4     print *, ‘a=’
5     read *,a
6     print *,'b='
7     read *, b
8     print *,'h='
9     read *,h
10    S = (a+b)*h/2
11    stop
12 program emshu2_1
```

- スペルの誤り：2 行目の＿＿＿＿＿を＿＿＿＿＿に修正する.
- スペルの誤り：12 行目の＿＿＿＿＿を＿＿＿＿＿に修正する.
- 全角半角文字の誤り：4 行目の＿＿＿＿＿と＿＿＿＿＿をそれぞれ＿＿＿＿＿と＿＿＿＿＿に修正する.
- プログラムの記述の誤り：12 行目に＿＿＿＿＿を追加する.

演習 2.2　以下のプログラムをコンパイルすると，プログラムの下に示すようなエラーメッセージが表示された．誤っている部分を訂正せよ．

```
progllam enshu2_2))
   print *, ’ (^^)’
   STOP !何を書いても計算しません.
!end program enshu2_2
```

```
enshu2_2.f90:1:1:

    1 | progllam enshu2_2))
      | 1
Error: Unclassifiable statement at (1)
enshu2_2.f90:2:11:
```

```
    2 | print *, ’ (^^)’
      |          1
Error: Invalid character 0xE2 at (1)
enshu2_2.f90:2:10:

    2 | print *, ’ (^^)’
      |          1
Error: Expected expression in PRINT statement at (1)
f951: Error: Unexpected end of file in ‘enshu2_2.
   f90’
```

2-4　定数，変数および型と型宣言

Fortran で扱うデータは定数と変数がある．コンピュータのハードウェア上では，プログラムもデータも全てスイッチの並びにおける ON と OFF のパターンであり，2 進数として処理される．したがって，定数や変数はその型に応じて異なる形式で処理や格納がされることになる．Fortran であらかじめ用意されている型は整数型，実数型，文字型，論理型，複素数型である．また実数と複素数には精度に応じて単精度と倍精度がある．

整数型は 2 進数としてそのまま扱うことができるが，1 ビット（2 進数の 1 桁）をその正負の識別に当てるので，n ビットで表現できる整数の実際の範囲は $-2^{n-1}+1$ から $+2^{n-1}+1$ となる．通常は，整数は 32 桁の 2 進数（32 ビット，4 バイト）として扱われるので，その範囲は −2147483647 から +2147483647 となる．また 64 ビット（8 バイト）で表される整数の場合は，10 進数で少なくとも 18 桁の範囲を表すことができる．

実数型も標準（単精度）では 32 ビットでデータを格納する．しかしながら，実数は連続であり無限の桁数からなる数である．また，実数の定数としてはプランク定数 6.62607015×10^{-34} Js のように小さな値からアボガドロ数 6.02214076 ×

表 2.2　定数の書き方の例

整数型定数	`-1, 0, 3, 999`
単精度実数型定数	`0.0, 3.14, -3.5e-3, 2.78`
文字型定数（文字列リテラル）	`'Hello, World!', "プログラミング",`
	`"I don't know.", 'Say "Hello".'`
複素数型定数	`(0.0,1.0)`
論理型定数	`.true., .false.`
倍精度実数型定数	`3.14d0, 15.2d-8`
4 倍精度実数型定数	`14.142q0, 2.718q-8`

10^{23} mol^{-1} のように大きな値までを，同じ長さの 2 進数で統一的に扱うことができるようなデータの格納の仕方が必要となる．そこで IEEE 標準として，以下のような単精度浮動小数点の形式が定められている．3.14159 は 0.314159×10^1 とも表すことができる．このように数値は整数部分が 0 となるように表すことができるので，それを格納するための 32 ビットを正負の符号 1 ビット，指数部分 8 ビット，小数部分 23 ビットの区画に分けて格納する方式が，実数の表現に採用されている．この格納方式により，指数部分で 2^{-126} から 2^{+126} の範囲の正負の実数を 32 ビットで扱うことができるが，格納できる小数部分の桁数は 7 桁となる．したがって，符号と指数部分が同じで，最後の 8 桁目だけが異なる 2 つの数は単精度実数型では区別できないことに注意しよう．

このように型に応じてメモリへの格納方法が異なるので，それぞれの型ごとの定数の書き方も，表 2.2 のように決まっている．

実数型の定数には，小数点を書くようにする．また，$6.62607015 \times 10^{-34}$ のように指数部分を含む実数の場合は，単精度実数型定数の場合は `6.62607015e-23`，倍精度実数型定数の場合は `6.62607015d-23` のように書く．文字型定数は一重引用符「`'`」または二重引用符「`"`」で囲んで表す．これを利用すると，一重引用符や二重引用符自体を文字型定数として扱うことも可能となる．論理型定数は真と偽だけであり，それぞれ`.true.` と `.false.` と書き，`read` 文で読み込んだり，論理型変数に代入したりするときはこの書き方が用いられる．しかしながら，`print` 文や 3-3 節で述べる `write` 文で論理値が出力される際は，真値は `T`，偽値は `F` として出力される．4 倍精度実数型は，実数を 128 ビット（16 バイト）

で扱うことができるが，必ずしもコンパイラがサポートしているとは限らない．

プログラム内における各型の変数の宣言例をプログラム 2.3 に示す．

プログラム **2.3**　変数の型宣言の例

```
integer :: i,j,k      !整数型変数の宣言
real :: w,x,y         !単精度実数型変数の宣言
character :: c        !文字型変数(1文字)の宣言
character(len=20) :: ch    !文字型変数(20文字)の宣言
logical :: p,q        !論理型変数の宣言
complex :: z          !単精度複素数型変数の宣言
real(8) :: gravity              !倍精度実数型変数の宣言
real(kind=8) :: a1              !倍精度実数型変数の宣言
real(kind(0.0d0)) :: a2         !倍精度実数型変数の宣言
complex(8) :: c1                !倍精度複素数型変数の宣言
complex(kind=8) :: c2           !倍精度複素数型変数の宣言
complex(kind(0.0d0)) :: c3 !倍精度複素数型変数の宣言
integer :: n=100 !整数型変数の宣言（宣言時に初期値を代入）
```

変数も識別子であるから，変数名の決定は，プログラム名と同様，次の規則に従う．

(1)　変数名には半角英数字，アンダースコア「_」のみを用いる．
(2)　変数名の先頭は英字のみを使用する．
(3)　変数名は 31 文字以内とする．

変数名も大文字と小文字が区別されないことは，前述のとおりである．したがって，例えば変数 Force と変数 force は同一の変数である．

文字型変数は宣言時に長さを指定しなければ半角 1 文字となる．長さを指定するときは len=オプションを使って，例えば ch が変数 20 文字の変数の場合は character(len=20)::ch または character(20)::ch のように宣言する．この場合，ch の 5〜7 文字目を参照したいときは，ch(5:7) のようにして部分文字列を参照することができる．kind=は変数のために確保されるメモリサイズをバイト数（種別値）で指定する．整数型，単精度実数型，単精度複素数型，倍

精度実数型，倍精度複素数型，文字型，論理型において，種別値であるバイト数は通常はそれぞれ 4, 4, 4, 8, 8, 1, 4 である．しかしこのバイト数は，同じ型の変数でも使用するコンピュータのシステムに依存して異なる場合がある．そこで，9 行目と 12 行目のように後述する kind 関数を用いて種別値を取得して宣言する方法もよく用いられる．

13 行目では整数型変数 n を宣言しているが，宣言と同時に初期値 100 を n に代入している（変数への値の代入については次節参照）．他の型の変数の宣言でもこのように初期値を設定することができる．これにより，コンパイル時に変数の値が初期値に設定されるため，実行時にあらためてその値を代入する必要がなくなる．また，この値はあくまでもプログラムの実行開始時における値であるので，実行中に別の値を変数に代入して値を変更することが可能である．

プログラムのコンパイル時に設定した値のままとし，実行中にその値を変更することがないような場合は，parameter という属性をつけて変数を定数（パラメータ）として宣言する．例えば，円周率のような定数を変数名 pi で参照して計算に用いる場合などがこれに相当する．parameter 属性を使用した宣言の例を次に示す．

プログラム 2.4　parameter 属性の使用例

```
1 integer, parameter :: ndim = 10000
2 real(kind=8), parameter :: &
3    pi = 3.14159265358979d0
4 real(kind=8), parameter :: &
5    & e_napia = 2.71828182845905d0
6 complex(kind=8), parameter :: imag = (0.0d0,1.0d0)
```

プログラム 2.4 の 2 行目の末尾の「&」は，文が次の行に続くことを意味している．このように，文が長くなるときは，キーワードの適切な切れ目に「&」を挿入して，次の行に続けることができる．4 行目も「&」によって 5 行目に続いているが，5 行目のように文の先頭に同じく「&」を挿入して，その行が上の行からの続きであることを明記することもできる．

ところで型宣言における種別値については，parameter 属性を用いて種別値を整数型のパラメータ（種別パラメータ）として宣言し，システムで設定されている種別値を組み込み関数により取得して代入する方法もよく用いられる．この方法の簡単な例を，プログラム 2.5 に示す．このプログラムの 3〜4 行目で，倍精度変数の種別値として整数型パラメータ dp を宣言し，組み込み関数 selected_real_kind でバイト数を取得している．この関数については付録の A-1-5 節で説明するが，p=は 10 進数での有効桁数，r=の部分は 10 進数での指数部分の範囲を指定している．selected_real_kind はこの条件を満足する実数を取り扱うために必要で，かつシステムで想定しているバイト数を返す関数である．これによって，種別値を代入された dp は，種別パラメータとして扱われることになる．

倍精度実数型の定数は，1.0d0 のように倍精度を表す d とその後ろに 10 を基数としたときの指数の値をつける形式で書くことができるが，6 行目や 7 行目のように数値の後ろにアンダースコアと種別パラメータを付けて，1.0_dp のように書くこともできる．例えば，4 バイト整数型と単精度実数型の種別パラメータがそれぞれ i4b, sp であるとすると，整数 123 と実数 1.414 は，それぞれ 123_i4b, 1.414_sp のように書いてプログラム中で用いることができる．

プログラム **2.5**　変数の型宣言の例

```
1 program kindexample
2    implicit none
3    integer, parameter :: &
4       & dp = selected_real_kind(p=15,r=307)
5    real(kind=dp) :: a
6    a = 3.14_dp
7    print *, a + 1.0_dp
8 end program kindexample
```

2-5　変数への代入

変数はコンピュータのメモリの特定の位置に，特定のサイズで確保された領域を指し示している．したがって，変数に値を代入することは，そのメモリ領域へ数値に対応する 2 進数（文字列の場合は文字コードに対応する 2 進数）を書き込む命令を実行することになる．例えば次のようになる．

```
i  = 1            !整数の代入
w  = 0.5          !実数の代入
z  = (0.1, 2.3)   !複素数0.1+2.3iの代入
p  = .false.      !論理値「偽」の代入
ch = 'Hello'      !文字列リテラルの代入
```

上に述べた理由から，次のような命令も意味を持つことに注意する．

```
1 i = i + 1
2 w = w*2.3
```

これらは等式ではないので，例えば 1 行目は `i` が `0` の場合，`0 = 1` を主張しているわけではない．まず等号の右側の計算を行い，その結果を等号の左側の変数に代入するという順番で命令が実行される．すなわち，1 行目では，まず整数型変数 `i` の値をメモリから参照してそれに `1` を加え，その結果が改めて整数型変数 `i` に代入される．2 行目ではまず実数型変数 `w` の値をメモリから参照してそれに `2.3` を掛け，その結果が改めて実数型変数 `w` に代入される．

2-6　算術演算

2 つの数 `x` と `y` に対して，Fortran の算術演算を次に示す．

x+y	x と y の和
x-y	x と y の差
x*y	x と y の積
x/y	x と y の商
x**y	x の y 乗

これら算術演算子を混在させたときの計算の優先順位は，** が最も高く，* と / がその次，+ と - が最も低く，数学の算術式の計算の優先順位と同じである．また，特定の箇所の計算の優先順位を上げるには，括弧 ( ) を用いることができる．例えば，

```
3.0+1.0-2.0*4.0/4.0**2    は   3.5
3.0+1.0-2.0*(4.0/4.0)**2   は   2.0
```

となる．

また，異なる型の変数や定数が混在する算術式の評価は，表 2.3 に示すよう

表 2.3　2 つの変数や定数を x と y とするとき，x と y の型と算術式の評価結果の型

変数 x の型	変数 y の型	変換後の x の型	変換後の y の型	評価後の型
整数	整数	-	-	整数
単精度実数	単精度実数	-	-	単精度実数
倍精度実数	倍精度実数	-	-	倍精度実数
単精度複素数	単精度複素数	-	-	単精度複素数
倍精度複素数	倍精度複素数	-	-	倍精度複素数
整数	単精度実数	単精度実数	単精度実数	単精度実数
整数	倍精度実数	倍精度実数	倍精度実数	倍精度実数
整数	単精度複素数	単精度複素数	単精度複素数	単精度複素数
整数	倍精度複素数	倍精度複素数	倍精度複素数	倍精度複素数
単精度実数	倍精度実数	倍精度実数	倍精度実数	倍精度実数
単精度実数	単精度複素数	単精度複素数	単精度複素数	単精度複素数
単精度実数	倍精度複素数	倍精度複素数	倍精度複素数	倍精度複素数
倍精度実数	単精度複素数	倍精度複素数	倍精度複素数	倍精度複素数
倍精度実数	倍精度複素数	倍精度複素数	倍精度複素数	倍精度複素数
単精度複素数	倍精度複素数	倍精度複素数	倍精度複素数	倍精度複素数

に自動的に型が変換される．

また，算術式を評価した結果を別の変数に代入するときにそれらの型が異なる場合は，代入後の変数の型に変換される．例えば，変数 x が単精度実数で y=3.14159265358979d0 が倍精度実数の場合は，x=y によって x の中身は 3.14159274 となるが，2-4 節で述べたように左から 8 番目以降の値に意味はない．ここで，整数と整数の割り算には注意しなければならない．例えば 5/3, 2/3 の結果は，小数部分が切り捨てられて整数部分だけが取り出され，それぞれ 1，0 となる．これに対して，分子，分母のいずれかが実数で他が整数の場合は，表 2.3 に示したようにまず整数が実数に変換された後に割り算が実行されるので，例えば 2.0/5 を計算した結果は 0.4 となる．

演習 2.3　次のプログラムで a, b, c の計算結果はどのようになるか？

```
real :: a,b,c
a = 1 + 1/2
b = 1.0 + 1/2
c = 1 + 1/2.0
```

2-7　組み込み関数

プログラムでは算術演算以外にも，三角関数や指数関数，平方根の計算など様々な関数の計算が必要となる．Fortran では，様々な関数を組み込み関数として言語仕様の一部として用意してある．組み込み関数で用意されていないものは，第 6 章で示すようにユーザーが独自に定義して使用することができるようになっている．

Fortran でも，関数は一般に f(x) のような書き方をする．f は関数名，x は引数（ひきすう）と呼ばれる関数に引き渡される変数や定数である．関数によっては引数の個数が 2 個以上の場合がある．この節ではまず，基本的な組み込み関数のみを示し，それ以外のものは付録に示す．関数の引数の型は様々であり，以下の説明では引数を x, y, z などと表記してその型については個別に説明する．

2-7-1　問い合わせ関数

算術式の中で，異なる変数の型が混在しているときは，表 2.3 に示すように自動的に変換されると述べた．変数の型に関する情報を問い合わせる関数が用意されている．

kind(x)

数 x に対する種別値を求める関数である．例えば kind(1) は整数 1 に対する種別値であり，通常は 4 を返す．これはそのコンピュータでは整数に 4 バイトが割り当てられることを意味する場合が普通であるが，整数の種別値が 4 ということを言っているだけであり，その意味はコンパイラに依存する．kind 関数の使い方としては，ほかに kind(1_2), kind(0d0), kind((1.0,1.0)), kind(.true.), kind('a') などのように使う．これらに対して，通常はそれぞれ 2, 8, 4, 4, 1 を返す．

digits(x)

x の有効数字の 2 進桁数を返す．通常は digits(1) は 31，digits(1.0) は 24，digits(1.0d0) は 53 を返す．

2-7-2　変数の型を変換する関数

変数や定数の型を明示的に変換する関数が用意されている．以下に主なものを列挙する．

int(x[,kind])

x を整数型に変換する．カギ括弧内の引数は省略可能である．kind 引数は種別値を指定する．省略時には x を 4 バイト整数に変換する．種別値としては，1, 2, 4, 8, 16 が通常指定可能であり，それぞれ 1 バイト，2 バイト，4 バイト，8 バイト，16 バイトの長さの整数に変換する．例えば digits(int(1.0,8)) を計算すると，単精度実数 1.0 の 8 バイトの 2 進有効桁数である 63 を返す．

float(x)

x を単精度実数型に変換する．例えば，a, b が単精度実数のとき，b = 1+1/3 を計算すると 1/3 は 0 と評価され，1+0=1 が左辺の単精度実数 b の型に変換されて b に代入されるが b=1+float(1)/3, b=1+1/float(3), b=1+float(1)/float(3) の b の値はいずれも 1.33333337 となる．

dble(x)

x を倍精度実数型に変換する．x には整数，単精度実数，倍精度実数，4 倍精度実数を指定でき，全て倍精度実数に変換される．

real(x[,kind])

x を実数型に変換する．kind は種別値であり，省略時は単精度実数に変換される．種別値には 4, 8, 16 が指定でき，それぞれ単精度，倍精度，4 倍精度実数に変換される．ただし，4 倍精度はコンパイラがサポートしているとは限らない．

cmplx(x[,y,kind])

x を複素数型に変換する．y は省略可能な虚部の値であり，y が省略されたときは，実部が x，虚部が 0 の複素数型の数に変換される．kind は種別値であり，指定時は y も同時に指定しなければならない．kind を省略すると単精度の複素数型に変換される．すなわち，cmplx(1.0d0,0.5) も cmplx(1.0d0,0.5d0) も単精度の複素数 1+0.5i に変換される．倍精度，4 倍精度の複素数に変換するには，cmplx(1.0d0,0.5,8) や cmplx(1.0,0.5,16) のようにする．

2-7-3　数学関数

基本的な数学関数について表 2.4 に示す．

表 2.4　基本的な数学関数

組み込み関数	意味
`abs(x)`	x の絶対値 $\lvert x\rvert$
`sqrt(x)`	x の平方根 $\sqrt{x}$
`mod(m,n)`	剰余関数（m を n で割った余り）
`nint(x[,kind])`	実数 x を四捨五入して整数化 種別値 `kind` は省略可で 1, 2, 4, 8, 16 が指定可能
`max(a,b[,c,d,⋯])`	a, b [, $c, d,\cdots$] の最大値
`min(a,b[,c,d,⋯])`	a, b [, $c, d,\cdots$] の最小値
`sin(x)`	$\sin x$（x はラジアン）
`cos(x)`	$\cos x$（x はラジアン）
`tan(x)`	$\tan x$（x はラジアン）
`asin(x)`	$\sin^{-1} x$（計算結果はラジアン）
`acos(x)`	$\cos^{-1} x$（計算結果はラジアン）
`atan(x)`	$-\pi/2 \le \tan^{-1} x \le \pi/2$（計算結果はラジアン）
`atan(y,x)`	$-\pi \le \tan^{-1}(y/x) \le \pi$（計算結果はラジアン）
`atan2(y,x)`	`atan(y,x)` と同じ
`sinh(x)`	$\sinh x = (e^x - e^{-x})/2$（双曲線正弦関数）
`cosh(x)`	$\cosh x = (e^x + e^{-x})/2$（双曲線余弦関数）
`tanh(x)`	$\tanh x = (e^x - e^{-x})/(e^x + e^{-x})$（双曲線正接関数）
`asinh(x)`	$\sinh^{-1} x = \log\left(x + \sqrt{x^2+1}\right)$（逆双曲線正弦関数）
`acosh(x)`	$\cosh^{-1} x = \log\left(x + \sqrt{x^2-1}\right)\ (x \ge 1)$（逆双曲線余弦関数）
`atanh(x)`	$\tanh^{-1} x = \frac{1}{2}\log\frac{1+x}{1-x}\ (-1 < x < 1)$（逆双曲線正接関数）
`log(x)`	$\log x,\ \ln x,\ \log_e x$（自然対数）
`log10(x)`	$\log_{10} x$（常用対数）
`exp(x)`	e^x（指数関数）

2-7-4　文字列に関する関数と演算子

文字列に関する関数と演算子について表 2.5 に示す．

表 2.5　文字列に関する主な関数と演算子

関数，演算子	意味
a//b	文字列 a と b を連結． 'Fort'//'ran' は'Fortran' となる．
trim(string)	文字列 string の中の後続の空白を 削除した文字列を返す． trim('abc ') は'abc' となる．
len(string)	文字列 string の長さを返す． len('abcde') は 5 となる．
len_trim(string)	文字列 string の中の後続の空白を 除いた部分の長さを返す． len_trim('abc ') は 3 となる．
repeate(string,n)	文字列 string を n 回繰り返し 連結した文字列を返す．

演習 2.4　2 つの点 $A(a_x, a_y)$ と $B(b_x, b_y)$ の座標をキーボードから読み込み，AB 間の距離 d を計算してディスプレイに表示するプログラムを作成せよ．

演習 2.5　3 つの実数 a, b, c をキーボードから読み込み，二次方程式 $ax^2+bx+c=0$ の解の公式により解を計算して出力するプログラムを作成せよ．ただし，ここでは判別式を調べて実数解の有無等について判断する機能は考えなくてよいものとする．

演習 2.6　キーボードから 2 つの英単語を読み込み，それらを空白 1 文字を間にはさんで結合し，ディスプレイに表示するプログラムを作成せよ．

第3章

データの入出力

データの入力は，キーボード，その他の入力装置やファイルから行い，出力も同様にファイルやディスプレイ，その他の出力装置に行う．

3-1　read 文と print 文

第 2 章で示したように，キーボードから入力されたデータを読み込みディスプレイに表示するには，次のプログラム 3.1 のように read 文と print 文を用いる．

プログラム 3.1　入出力テストのプログラム例

```
! 入出力テストプログラムreadprint.f90
program readprint
   integer :: a,b,c
   read *,a,b,c
   print *,'a=',a
   print *,'b=',b
   print *,'c=',c
end program readprint
```

このプログラムでは，整数 a, b, c をキーボードから読み込んでいる．read 文の後ろの記号「*」は，入力用の編集記述子が省略されていることを意味し，キーボードからコンマや空白で区切られたデータを保存先の変数の型に応じてシステムが用意した方法で適切に読み込む命令となっている．記号「*」の後ろには読み込むデータを格納する変数をコンマで区切って並べる．print 文も同様に，print 命令の後ろの記号「*」は，出力用の編集記述子が省略されていることを意味し，記号 * の後ろにコンマで区切って並べられた出力データを，データの型に応じて適切に区切ってディスプレイに表示する．read 文と print 文で編集記述子を指定するときは，3-3 節で述べる一般のファイル入出力にも対応した read 文，write 文で用いる編集記述子と同じものを用いる．編集記述子の詳細は 3-4 節で述べる．

キーボードやディスプレイ以外のファイルからの入力やファイルへの出力は，出力装置を指定するタイプの read 文と write 文を用いることができるが，次のようにコンピュータの OS が持つ機能を使って行うこともできる．

入力データを a=1, b=2, c=3 とし，入力用のテキストファイルとして，次のようにデータをコンマと空白で区切った 1 行だけのファイル input.txt を用意したとする．

```
1, 2, 3
```

また，結果を出力するファイルは output.txt とする．プログラム 3.1 をコンパイルした実行ファイルを a.out とし，input.txt と同じディレクトリ（フォルダ）に置いているとき，コマンドプロンプトやターミナルから

```
./a.out < input.txt
```

のように入力して実行すると，input.txt の内容が a.out でキーボードから読み込まれる部分に自動的に渡され，実行結果はコンピュータのディスプレイに次のように表示される．

```
a=            1
b=            2
c=            3
```

また，キーボードから入力するが，結果は output.txt に出力したければ，コマンドプロンプトやターミナルから

```
./a.out > output.txt
```

とすればよい．また，input.txt から読み込み，output.txt に出力したければ，次のようにする．

```
./a.out < input.txt > output.txt
```

上記の read 文と print 文は標準入力と標準出力と呼ばれる入出力装置を想定した命令であり，標準入力装置はキーボード，標準出力装置はディスプレイとなっていたものを，ターミナルコマンド（シェルコマンド）で入出力をファイルにリダイレクトしている．一方，複数のファイルから入力し，複数のファイルへ出力するような場合は，標準入力装置と標準出力装置だけでは入出力装置の数が不足するため，入出力装置を指定する事ができる read 文と write 文を入出力コマンドに用いる．その際は，入出力装置には装置番号が振られ，次節で述べる open 文によりファイルを装置番号に対応させる操作が必要となる．

3-2　open 文と close 文

入出力をファイルから行うためには，ファイルを開き，装置番号に割り当てることが必要になる．この操作は open 文によって行い，入出力が完了したら close 文によってファイルを閉じて，使用した装置番号を解放する．open 文の必要最小限の記述を次に示す．

```
open(装置番号, file=ファイル名)
```

open 文以降に入出力文を置き，入出力終了後に次のように close 文を記述する．

```
close(装置番号)
```

装置番号は，非負の整数を用いることができるが，0 は標準エラー，5 は標準入力，6 は標準出力にあらかじめ割り当てられているので，使用すべきでない．

3-2-1 open 文

open 文の構文の一般形を次に示す.

```
open([unit=] 装置番号 [, オプションリスト])
```

オプションリストに記述できる主なオプションは次のようなものがある.

file= ファイル名

入出力対象ファイル名を一重引用符または二重引用符で囲んで指定する.

action=アクション名

オープンしたファイルに対して行うアクションを read, write, readwrite の中から引用符で囲んで指定する. **read** アクションを指定すると, プログラム中でこのファイルに対して **write** 文, **print** 文, **endfile** 文（ファイル終了位置を書き込む命令）は使えなくなる. これにより, ファイルを読み込み専用にして既存ファイルの不用意な破壊を避けることができる. **write** アクションを指定すると, このファイルにデータを書き込むことが可能となる. また, **readwrite** アクションを指定した場合には, このファイルからのデータの読み込みと新たなデータの書き込みの両方が可能となる. オプションを省略した場合は **readwrite** アクションとなる.

status=ファイルの状態

入出力対象のファイル状態値として old, new, replace, scratch, unknown のいずれかを, 引用符で囲んで記述する. ファイル状態値の意味は次のようになる.

- **old**　file=で指定したファイルが既に存在する.
- **new**　file=で指定したファイルを新規作成する.
- **replace**　file=で指定したファイルが既に存在するときは置き換え, 存在しないときは新規に作成する.
- **scratch**　一時ファイルを作成し, close 文の実行で削除される. この場合は file=を指定してはいけない.
- **unknown**　動作はシステムに依存する. status=が省略されている場合

は，unknown が仮定される．

オプション status=を記述することにより，ファイルの実際の状態がこの記述と異なるときの既存ファイルの不用意な破壊を避けることができる．また，エラー発生時にも何らかの処理を続けたい場合には，次に示すオプション err=を指定する．

err=エラーラベル

ファイルオープン時にエラーが発生したときに，プログラム中のラベルに指定したところへジャンプして処理を続行する．ラベルは 1 から 99999（5 桁）までの整数であり，4 桁以下の整数の場合は例えば err=001 のような記述も許容される．ラベルは，プログラム 3.3 で示されているように，後ろに 1 個以上の空白を設けて文の先頭に記述する．エラーの発生は，status='old' としたにもかかわらずファイルが存在しない場合や，status='new' としたにもかかわらずファイルが既に存在している場合などに起こる．err=の指定がないときは，エラーが発生するとプログラムの実行は強制終了する．

position=ファイルへアクセスする位置

入出力対象のファイルへアクセスする位置として asis, rewind, append のいずれかを，引用符で囲んで記述する．

asis　position=オプションが指定されていないときは asis が仮定される．ファイルオープン時にはファイル内の位置がデータの最初の位置となり，そのファイルがそのまま開いている限りは，処理によって移動する位置が順次保持される．

rewind　ファイルオープン時のファイル内の位置はファイルのデータの最初の位置となる．

append　ファイルオープンの際のファイル内の位置はファイルのデータの末尾の位置となる．ファイルにデータを書き込む際は，ファイルの末尾から開始される

iostat=整数型変数名

ファイルはレコード（記録）によって構成される．レコードはファイル

を構成する一塊のデータのことで，ファイルの形式がシーケンシャルアクセスファイル（順次アクセスファイル）の場合，改行文字によってレコードの終端が認識される．ファイルのオープンが正常に終了すると，iostat=の右側に記述した整数型変数に 0 が格納されて返される．また，ファイルのレコードの終端やファイルの最後が検出されたときは負の整数が返され，異常終了の場合は，エラーの種類によって異なる正の整数が格納されて返される．

他のオプションをアルファベット順に記載すると，access=, asynchronous=, blank=, decimal=, delim=, encoding=, form=, newunit=, pad=, recl=, round=, sign=などがある．これらの詳細については，参考文献に挙げた言語仕様書やそれらを解説した書籍を参照されたい．

3-2-2 close 文

close 文の構文の一般形を次に示す．

```
close([unit=] 装置番号 [, オプションリスト])
```

オプションリストに記述できる主なオプションは次のようなものがある．

iostat=整数型変数名

ファイルのクローズが正常に終了すると，iostat=の右側に記述した整数型変数に 0 が格納されて返される．異常終了のときの動作も open 文のときと同様である．

err=エラーラベル

ファイルクローズ時にエラーが発生したときに，プログラム中のラベルに指定したところへジャンプして処理を続行する．

status=ファイルの状態

入出力対象ファイルのクローズ後の状態を指定する．状態値としては

keep, delete のいずれかを，引用符で囲んで記述する．ファイル状態値の意味は次のようになる．

keep　file=で指定したファイルをファイルクローズ後も保持する．open 文で，status='scratch' としているときは，この状態値は使用できない．

delete　file=で指定したファイルをファイルクローズ後に削除する．

3-3　ファイル入出力用の read 文と write 文

open 文と close 文でファイルを装置番号に対応させることにより，入出力をファイルに対して行うことができるようになる．そのためには，次のような装置番号を用いる read 文と write 文を用いる．

```
read(入力指定リスト) 入力リスト
```

```
write(出力指定リスト) 出力リスト
```

入力指定リストと出力指定リストには，装置番号，編集記述子，その他のオプションを記述する．入力リストと出力リストは，実際に読み込むデータ，出力するデータを並べたものである．

read 文と write 文の最も基本的な構文を次に示す．

```
read(unit, format) 読み込む変数のリスト
```

```
write(unit, format) 出力する変数や定数のリスト
```

unit は装置番号を表す整数，format は編集記述子を表す文字列である．

プログラム 3.1 で示した標準入出力用のプログラムでは，

```
read *,a,b,c
print *,'a=',a
```

のような書き方をした．入出力装置を指定する必要がないので装置番号を指定する書き方になっていないが，編集記述子は指定できるようになっている．プログラム 3.1 の read 文と print 文のアステリスク「*」は，具体的な編集記述子を指定しないでシステムが標準的に用意している書式での入出力に従っているが，この記号の代わりに 3-4 節で説明する編集記述子を用いて，具体的な入出力の書式を個別に指定することもできる．

3-3-1　read 文と write 文

read 文と write 文の具体例を下記に示す．

■ 標準入力（キーボード），標準出力（ディスプレイ）を用い，システム標準の書式で出力する場合

```
read(*,*) a,b
write(*,*) a+1,'Hello'
```

これらの最初の記号「*」はキーボード（標準入力）から読み込み，標準出力（ディスプレイ）に出力することを意味する．後の記号「*」は，入力や出力の際のデータの体裁をシステムが標準として用意しているものに従うことを意味する．「a,b」は入力リスト，「a+1,'Hello'」は出力リストである．

■ 標準入力と標準出力の装置番号を用いる場合

```
read(5,*) a,b
write(6,*) a+1,'Hello'
```

または

```
read(unit=5,fmt=*) a,b
write(unit=6,fmt=*) a+1,'Hello'
```

このように，「unit=」や「fmt=」は省略可能であるが，これら以外のオプションを指定するときはそれらも記述する必要がある．

■ 編集記述子（format）を使用した read 文の例

キーボードなど標準入力からの入力を想定した read 文の場合も，編集記述子を用いることができることは 3-1 節で述べた．その場合，次の例のように read の後ろに編集記述子，入力リストをコンマで区切って並べる．

```
read '(i3,2x,i3)', m, n
```

装置番号を指定する read 文の場合は，次の 3 つの例のように read の後ろに括弧の中に装置番号と編集記述子をコンマで区切って並べ，括弧の後ろに入力リストを記述する．

```
read(10, '(i3,2x,i3)') m,n
read(unit=10, fmt='(i3,2x,i3)') m,n
read(10, fmt='(i3,2x,i3)') m,n
```

m, n はそれぞれ整数型の変数で，装置番号 10 番には入力データファイルが割り当てられているものとする．「'(i3,2x,i3)'」は編集記述子であり，入力データファイルには，先頭から半角 3 文字分の幅のどこかに 3 桁以内の整数として m が書かれ，半角スペース 2 個を空け，その後ろの半角 3 文字分の幅のどこかに 3 桁以内の整数として n が書かれていることを，この編集記述子は想定している．

■　編集記述子を使用した print 文と write 文の例

既に述べたように，標準出力で用いる print 文でも write 文の場合と同じ編集記述子を用いることができる．次の例に示すように print の後ろに編集記述子と出力リストをコンマで区切って並べる．

```
print '(a7,2x,i5,2x,i5)', 'Answer=', m, n
```

装置番号を用いる write 文の場合は，write の後ろの括弧の中に出力装置番号と編集記述子をコンマで区切って並べ，括弧の後ろに出力リストを記述する．

```
write(11, '(a7,2x,i5,2x,i5)') 'Answer=', m, n
```

数字 11 は出力装置番号，この編集記述子は，半角 7 文字（Answer=が対応），半角スペース 2 個，半角 5 文字分のスペースに右詰めで 5 桁以内の整数（m が対応），半角スペース 2 個，半角 5 文字分のスペースに右詰めで 5 桁以内の整数（n が対応）の順に出力することを意味している．

■ format 文を用いて編集記述子を別の行で指定する例

```
write(11,100) 'Answer=', m, n
100 format(a7,2x,i5,2x,i5)
```

あるいは

```
write(unit=11,fmt=100) 'Answer=', m, n
100 format(a7,2x,i5,2x,i5)
```

これらは，ラベル 100 を付した format 文の括弧の中の編集記述子を使うように指示した例である．編集記述子が長くなるときには，このように別の行の format 文で指定するとよい．format 文と write 文（あるいは read 文）の間には他の実行文を挿入してもよい．

3-3-2 read 文と write 文の入出力指定リスト

read 文と write 文の入出力指定リストの中で，unit=と fmt=を含む重要なものを下記に示す．

[unit=] 装置番号または文字型変数

open 文で指定した入力ファイル，または出力が割り当てられた装置番号を整数で与える．

[fmt=] 編集記述子

入力ファイル中の読み込むデータの型や長さと配置，出力するデータの型や長さと配置を記述する．3-4 節で詳細を示す．

iostat=整数型変数

レコードの終端，またはファイルの終端が検出されたときは，負の値が整数型変数に格納されて返される．入力データの配置が編集記述子の書式と不整合で正しくデータを読み込めないとき，出力データを正しく書き込めないときなどは，正の整数が返される．返される具体的な整数値はシステムに依存する．

end=ファイル終了ラベル

ファイル終了ラベルはデータ入出力中にファイルの終端に達したときに，

プログラム中の処理を継続するための部分に付されたラベル（正の整数）である．

err=エラーラベル

データ読み込み時，データ出力時にエラーが発生したときに，プログラム中のラベルに指定したところへジャンプして処理を続行する．エラーラベルも正の整数である．

iomsg=文字型変数名

データ読み込み時，データ出力時に，エラー，ファイルの終端やレコードの終端の検出などが発生したとき，文字型変数にメッセージが文字列として格納されて返される．

標準入力と標準出力を用いたプログラム 3.1 を，ファイルと直接入出力する形式に変更した例をプログラム 3.2 に示す．

プログラム **3.2**　open 文と close 文を使ったファイル入出力の例 1

```
! ファイル入出力テストプログラムopenclose.f90
program openclose
   integer :: a,b
   open(10,file='input.txt')
   read(10,*) a,b
   close(10)
   open(11,file='output.txt')
   write(11,*) 'a=',a
   write(11,*) 'b=',b
   close(11)
end program openclose
```

プログラム 3.2 では，ファイル「input.txt」から整数 a と b を読み込んでいる．例えば a=1, b=2 となるように読み込むときは，input.txt は 1 行目に 1 個以上のコンマや空白で区切って 1 と 2 を記入しておけばよい．

さらに，open 文に他のオプションを使用した例をプログラム 3.3 に示す．

プログラム **3.3**　open 文と close 文を使ったファイル入出力の例 2

```
1  ! ファイル入出力テストプログラム openclose2.f90
2  program openclose2
3       implicit none
4       integer :: a,b
5       integer :: ir,iw
6       open(unit=10,file='input.txt',action='read', &
7       &     status='old',iostat=ir,err=001)
8       read(unit=10,fmt=*) a,b
9       close(unit=10)
10      open(unit=11,file='output.txt',action='write', &
11      &     status='new',iostat=iw,err=002)
12      write(11,*) 'a=',a
13      write(11,*) 'b=',b
14      close(unit=11)
15      stop '正常終了'
16      001 print *,'入力ファイルオープンエラー'
17      error stop ir
18      002 print *,'出力ファイルオープンエラー'
19      error stop iw
20 end program openclose2
```

プログラム 3.3 では，正常にプログラムが終了したときは 15 行目の stop 文に到達し，「正常終了」と表示されてプログラムの実行がこの位置で終了する．また，入力ファイルのオープン時にエラーが発生すれば，16 行目のラベル 001 の行にジャンプして「入力ファイルオープンエラー」が画面に表示され，次の 17 行目の error stop 命令で整数 ir に格納されているエラーコードが表示されて，プログラムの実行が打ち切られる．また，出力ファイルのオープン時にエラーが発生すれば，18 行目のラベル 002 の行にジャンプして「出力ファイルオープンエラー」が画面に表示され，次の 19 行目の error stop 命令で整数 iw に格納されているエラーコードが表示されて，プログラムの実行が打ち切られる．error stop 命令は Fortran 2008 の仕様で導入された命令である．

3-4　編集記述子

入出力データの位置やファイル中に占める文字数などを細かく指定するには，編集記述子（format）を用いる．編集記述子は，これらの指定を半角英数字と記号で書いた文字列であり，入出力データの書式を規定するデータ編集記述子と，出力を制御する制御編集記述子がある．

3-4-1　データ編集記述子

A（書式：A[w]）

欄の幅 w の文字型データを表す．read 文で w が省略されたときは空白以外の文字データの終わりの位置までを文字型変数に読み込む．write 文，print 文で w を省略したときは，文字型変数，文字型定数の文字数が欄の幅と解釈される．

I（書式：Iw[.m]）

read 文では，欄の幅 w の範囲の任意の位置にある整数を変数に読み込む．初期設定としては，数字と数字の間にあるブランクは無視された 1 つの整数とみなされる．例えば「read '(I5.3)' n」で ␣1␣␣2（ただし␣はスペース (blank)）と書いてあるデータを読み込むと，n には 12 が読み込まれる．write 文，print 文では欄の幅 w の範囲に右詰めで整数の値を表示する．m を指定すると少なくとも m 桁を表示する．例えば print '(I5.4)', 34 では ␣0034 と出力される．w を 0 とすると，データの桁数の幅（負の整数の場合は符号も含む）を持つ整数として左右にスペースを含まない形で出力される．

F（書式：Fw.d）

欄の幅 w，小数点以下の桁数 d の実数値としての書式であるが，read 文で読み込む場合は，欄の幅内のどの位置に数字を置いてもよく，小数点がない場合は，最も右側の数字から左に d 桁の部分を小数部分（小数点より小さい桁の部分）として扱う．例えば F7.4 で読み込む場合の入力データが 12 と用意されているときは 0.0012 として読み込まれる．また小数点がデータに記入されているときは，例えばデータが␣3.12 であったときは，3.1200 として読み込まれる．また初期設定として，欄 w 内のスペース（blank）は読み飛ばされ詰められる．例えば上の例でデータが␣1␣2.12 である場合は，12.1200 として読み込まれる．write 文，print 文でこの編集記述子を用いるときは，数字は欄の右詰めで表示される．例えば，print '(f7.3)', -3.14 は␣-3.140 と表示される．-3.14 の小数部分は 14 であり，編集記述子 f7.3 ではこの部分が 3 桁で 140 と表示される．小数点の表示で 1 桁使うので，7 桁のうち 4 桁が小数点以下の表示に使用されることになる．残り 3 桁で整数部分の-3 を表示するため，整数部分の表示は先頭に空白を入れて␣-3.140 となる．この編集記述子を用いると，実数の整数部分（小数点より大きい桁の部分）と符号（負の数の場合）の桁数が w-d-1 を超えた場合は，欄の幅の数の「*」が表示される．w を 0 とすると，小数部分が d 桁で，符号を含めた整数部分がそのまま出力される．

G （記号：Gw.d[Ee]）

write 文で使用する場合，基本的には欄の幅 w，表示における小数部分の桁数 d で実数を表示する．表示における数値が d の幅に収まりきらないときは，指数部分の桁数 e の指数表記となる．例えば G18.8E3 で 32 ビット（単精度）実数型定数-1234.456 を出力すると␣␣␣-1234.4561␣␣␣␣␣と出力される．G18.8E3 では表示における小数部分の桁数は 8 桁であるが，数値が $0.d_1d_2d_3d_4d_5d_6d_7d_8d_9$ から $d_1d_2d_3d_4d_5d_6d_7d_8.d_9$（ただし，$d_1$ から d_9 までは数字で，d_1 は 0 でない数字）のときは数値の部分を 8 桁に丸めてそのまま表示され，欄の残りの部分には空白が挿入される．これ以外のときは，小数点より上位の数字（整数部分）が 0 となるように変換して指数表記される．-1234.456 の出力が-1234.4561 となるのは，10 進数と 2 進数との間の実数の変換のためである．プログラムの実行に際して 10 進数で表された実数を 2 進数に変換すると 32 ビットを越えたり無限小数となったりするので，32 ビットで打ち切られてメモリに保持される．したがって，32 ビットの 2 進数で保持された実数が 10 進数の無限小数となったりするものを，指定された小数点以下の桁に丸めたものが出力されることとなる．このような理由から，上の例のように，実数の出力に際しては 10 進数の出力の最後の数字に誤差が伴う場合がある．同様に，-1234567890.789 の出力は␣␣-0.12345679E+010 となる．また，w.d を単に 0 と置き換えて G0 で出力すると，数値の精度と桁数に応じた幅と形式で表示され，1234.456 と 1234567890.789 はいずれも空白を含まない形式でそれぞれ 1234.45605, 0.123456794E+10 と出力される．1234.456 の出力が 1234.45605 となるのも，上と同様の理由によるが，G0 では小数点以下 5 桁まで表示されるので最後の 2 桁の出力が G16.8E3 で出力されたときの表示とは少し異なるものとなっている．

E　（記号：Ew.d[Ee]）

「± 0.」で始まる（ただし正の実数のときは初期設定では+は表示されない）欄の幅が w，表示における小数部分が d の指数表記となる．Ee が省略されているときは，指数部分は記号 E と符号を含めて 4 文字分の幅が使用される．さらに，数の符号と最初の 0 と小数点でそれぞれ 1 文字ずつ使用されるから，小数部分の桁数は d≤w-7 を満足するように設定しなければならない．例えば E15.8 で 12345678.6789 を出力すると，␣0.12345679E+08 と表示される．w を 0 とすると，小数部分の幅 d に応じた表記で出力される．

EN　（記号：ENw.d[Ee]）

工学編集記述子と呼ばれ，小数点の前に 1〜999 の数字が必ず来るように指数表記される．例えば EN15.6 に対して，

1234.56789, 123.456789, 12.3456789, 1.23456789, 0.123456789,
0.0123456789, 0.00123456789, 0.000123456789

はそれぞれ

␣␣␣1.234568E+03, ␣123.456787E+00, ␣␣12.345679E+00,
␣␣␣1.234568E+00, ␣123.456791E-03, ␣␣12.345679E-03,

␣␣␣1.234568E-03, ␣123.456790E-06

のように表示される．w を 0 とすると，表示における小数部分の幅 d に応じた表記で出力される．

ES（記号：ESw.d[Ee]）

科学編集記述子と呼ばれ，小数点の前の数字が非ゼロとなるように変換されて表示されること以外は Ew.d[Ee] の編集記述子と同じである．w を 0 とすると，表示における小数部分の幅 d に応じた表記で出力される．

D（記号：Dw.d）

Ew.d における表示の指数部分の文字 E を D として表示する編集記述子である．w を 0 とすると，小数部分の幅 d に応じた表記で出力される．

L（記号：Lw）

欄の幅 w の右詰めで論理値 T または F が出力される．read 文の編集記述子として Lw を指定したときは，w の範囲内にデータが真の場合は.t または t，偽の場合は.f または f で始まる文字を書いておく．

B（記号：Bw[.m]）

2 進数値 (B) として入出力する編集記述子．w，m の意味はこれまでと同様である．

O（記号：Ow[.m]）

8 進数値 (O) として入出力する編集記述子．w，m の意味はこれまでと同様である．

Z（記号：Zw[.m]）

16 進数値 (Z) として入出力する編集記述子．w，m の意味はこれまでと同様である．

3-4-2　制御編集記述子

X（記号：nX）

n 個の半角スペースを挿入する．スペース 1 個の場合は x でよい．

/（記号：[r]/）

[r] 回改行する．

$　出力の末尾で改行（復帰）しない．

T　（記号：Tn）

タブ．出力の位置を n 文字目の位置に移動する．

TL　（記号：TLn）

左タブ．出力の位置を左に n 文字目の位置に移動する．

TR　（記号：TRn）

右タブ．出力の位置を右に n 文字目の位置に移動する

:　出力データの項目がなくなったとき，:より後ろの編集記述子の実行を終了する．

dp　以降の出力データの小数点をピリオドにする（初期設定）．

dc　以降の出力データの小数点をコンマにする．dp で元に戻る

bn　入出力データ中の半角スペースを無視 (null) する．

bz　入出力データ中の半角スペースをゼロ (0) にする．

ru, rd, rz, rn, rc, rp

小数部分の末尾を切り上げ（ru: round up），切り捨て（rd: round down），ゼロ（rz: zero），最も近い値（rn: nearest），互換（rc: compatible），プロセッサーの定義による（rp: prosessor defined）．例えば，3.131813 は '(ru,f5.3)', '(rd,f5.3)', '(rz,f5.3)', '(rn,f5.3)', '(rc,f5.3)', '(rp,f5.3)' の編集記述子を用いてそれぞれ 3.132, 3.131, 3.131, 3.132, 3.132, 3.132 と出力される．

ss, sp, s

ss: 以降の正の数の「+」の記号を出力しない，sp: 出力する，s: 現在の設定を取り消す．

同じ編集記述子が複数並ぶときはその前に繰り返しの個数を書く．複数の編集記述子のパターンが複数並ぶときは，それを括弧で囲んでその前に繰り返しの個数を記入する．例えば，'(3I5,2(2X,3(E15.8,X)))' のようにする．

プログラム 3.4 にデータ編集記述子と制御編集記述子の使用例を示す．出力

3.1 に，プログラム 3.4 による実行結果を示す．出力中の記号「␣」は半角スペースの代わりに用いているもので，実際の出力では視認できないが，ここでは出力される半角スペースの個数を確認するために，半角スペースを記号「␣」に置き換えて表示している．

プログラム **3.4**　編集記述子の使用例

```
program formatex
    implicit none
    real :: x,y
    character(len=3) :: ch

    ch = 'yes'
    print *, ch          ! 編集記述子を用いない場合
    print '(a)', ch      ! 編集記述子を用いる場合

    x = 1.2
    y = 3.45
    ! 編集記述子を用いない場合
    print *, 'x+y=', x+y
    ! 編集記述子を用いる場合
    print '(a,e15.8)', 'x+y=', x+y
    ! 編集記述子を用いない場合
    print *, 'x=', x, 'y=', y
    ! 編集記述子を用いる場合
    print '(a,e15.8,5x,a,e15.8)', 'x=', x, 'y=', y
    print '(a,es15.8,5x,a,es15.8)', 'x=', x, 'y=', y
    print '(a,en15.8,5x,a,en15.8)', 'x=', x, 'y=', y

    ! 編集記述子を用いない場合
    print *, 23, 354
    print *, 2,  3545
    print *, 3323, 35
    print *, -86, 35466

    ! 編集記述子を用いる場合
    print '(i5,2x,i5)', 23, 354
```

```
    print '(i5,2x,i5)', 2,  3545
    print '(i5,2x,i5)', 3323, 35
    print '(i5,2x,i5)', -86, 35466
    print '(t4,i0,t11,i0)', -86, 35466
    print '(t4,i0,/,t4,i0)', -86, 35466

    ! 編集記述子「:」で残りの記述子を無視する例
    print '(10(i3,:,/))', 1,2,3
end program formatex
```

出力 **3.1**　プログラム 3.4 の実行結果

```
␣yes
yes
␣x+y=␣␣␣4.65000010␣␣␣␣
x+y=␣0.46500001E+01
␣x=␣␣␣1.20000005␣␣␣␣␣y=␣␣␣3.45000005␣␣␣␣
x=␣0.12000000E+01␣␣␣␣␣y=␣0.34500000E+01
x=␣1.20000005E+00␣␣␣␣␣y=␣3.45000005E+00
x=␣1.20000005E+00␣␣␣␣␣y=␣3.45000005E+00
␣␣␣␣␣␣␣␣␣␣23␣␣␣␣␣␣␣␣␣354
␣␣␣␣␣␣␣␣␣␣␣2␣␣␣␣␣␣␣␣3545
␣␣␣␣␣␣␣␣3323␣␣␣␣␣␣␣␣␣␣35
␣␣␣␣␣␣␣␣␣-86␣␣␣␣␣␣␣35466
␣␣␣23␣␣␣␣354
␣␣␣␣2␣␣␣3545
␣3323␣␣␣␣␣35
␣␣-86␣␣35466
␣␣␣-86␣␣␣␣35466
␣␣␣-86
␣␣␣35466
␣␣1
```

```
␣␣2
␣␣3
```

read 文と write 文で指定する unit=には，文字型変数を用いることができる．十分な長さの文字型変数を char とし，

```
write(unit=char,fmt='(f5.2)') 12.345
```

とすると，変数 char には 12.35 という文字列が格納される．さらに

```
read(unit=char,fmt=*) x
```

によって，ファイルやキーボードから数値を読み込むのと同じように，変数 char に保存されている文字データから，実数型として宣言された変数 **x** に実数を読み込むことができる．プログラム 3.5 に，入出力の unit に文字型変数を指定した例を示す．

プログラム 3.5　文字型変数を入出力の unit に指定した例

```
program read_write_ex
   implicit none
   character(len=42)::chr1, chr2
   character(len=10)::c
   write(unit=chr1,fmt='(a)') 'Fortranプログラミング'
   write(chr2,'(a)') trim(chr1)//'は楽しい'
   print '(a,a,a)','[',chr1,']'
   print '(a,a,a)','[',chr2,']'
   print '(a,a,a)','[',trim(chr2),']'
   read(chr2,'(a)') c
   print '(a,a,a)', '[',c,']'
   read(unit=chr1,fmt='(a)') chr2
   print '(a,a,a)', '[',chr1,']'
end program read_write_ex
```

演習 3.1　次の文字列を 1 行でディスプレイに表示し，文字数を次の行に表示するプログラムと，それらをファイルに保存するプログラムを作成せよ．

```
Hello, brave new world!
```

演習 3.2　次の文字列を 3 行でディスプレイに表示するプログラムと，ファイルに保存するプログラムを作成せよ．

```
Yesterday
Today
Tomorrow
```

演習 3.3　実数 x の値が $0, \pi/8, 2\pi/8, 3\pi/8, 4\pi/8, 5\pi/8, 6\pi/8, 7\pi/8, 8\pi/8$ における $\sin x$ の値を順番に計算して，x の値と $\sin x$ の値をディスプレイに表示するとともに，別のファイルに保存するプログラムを作成せよ．ただし，出力の編集記述子は指数表記とする．全ての結果を別々の行に出力する場合と，データとデータの間を半角スペース 2 文字空けて 1 つの行に全てのデータを出力する場合の 2 通り作成せよ．

演習 3.4　次のような文字列，数字からなるテキストファイルを，拡張子`.eps`をつけて保存する（例えば`line.eps`）と，点 (50, 250) と点 (150, 350) を結ぶ直線を描画する画像ファイルとなる．このような画像ファイルは EPS 形式（Encapsulated PostScript）と称し，描画データではなく描画命令からなっている．このような命令を解釈して画像に変換する機能（PostScript Interpreter）を備えたプリンターにそのファイルを転送すれば，画像が印刷されて出力される．また，画像に変換したものをディスプレイに表示するソフトウェアも存在する．

EPS ファイル「`line.eps`」の内容

```
%!PS-Adobe-3.1 EPSF-3.0
%%BoundingBox: 0 0 400 400
%%EndComments
% (50,250)から(150,350)への直線の描画
newpath
```

```
50.0 250.0 moveto
150.0 350.0 lineto
stroke
showpage
```

キーボードから 4 点の x 座標と y 座標を入力し，それらを結んだ四角形を描画する EPS ファイルを生成する Fortran プログラムを作成せよ．ただし，入力する座標が「`%%BoundingBox: 0 0 400 400`」で指定された `(0,0)` と `(400,400)` の範囲外にある部分は表示の際にトリミングされる．

第4章 条件式と繰り返し制御

4-1 do文の基本構造

do 文は，同じパターンの計算の繰り返しや，数値の繰り返し入力，外部ファイルから多数の行のデータを順番に読み込む場合などで用いる．区分求積法を用いて積分値を求める際にも do 文を使用する．

do 文の構文を次に示す．制御変数が開始値～終了値のときに，do から end do の間に書かれた処理が繰り返し実行される．増分が省略されたときは 1 として処理される．

```
do [制御変数 = 開始値, 終了値 [, 増分]]
    繰り返し実行するブロック
end do
```

do 文の例として，1 から n までの整数の和を求めるプログラムをプログラム 4.1 に示す．

プログラム **4.1**　1 から n までの整数の和を求めるプログラム例

```
! 1からnまでの整数の和
program souwa
   implicit none
   integer :: i,n
   integer :: s
   print '(a)', 'nを入力してください．'
   read *,n
   s = 0
```

```
9      do i=1,n
10        s = s+i
11     end do
12     print '(a,i0,a,i0)','1から',n,'までの和:␣',s
13  end program souwa
```

変数 i は繰り返しをカウントする制御変数である．和は変数 s に格納される．7 行目で n をキーボードから読み込んだあとで，8 行目で和をひとまず 0 と置いている．9 行目の do から 11 行目の end do までで行われる処理を，終了値 n>2 であるとして，i を開始値の 1 から 1 ずつ増やしながら書くと，次のようになる．

i = 1

- i ≤ n であるので，次の処理が実行される．
- s+i により，s+i=0+1 となる．s にこの値が代入される．すなわちこの行の実行が終了すると，s=0+1=1 となっている．
- end do において i が 1 増やされて i=2 となる．

i = 2

- i ≤ n であるので，次の処理が実行される．
- s+i により，s+i=(0+1)+2 となる．s にこの値が代入される．この行の実行が終了すると，s=(0+1)+2=3 となっている．
- end do において i が 1 増やされて i=3 となる．

・・・　（i を 1 ずつ増やしながらこの操作を続ける）

i = n

i ≤ n であるので，次の処理が実行される．s+i により，s+i=(0+1+2+･･･)+n となる．s にこの値が代入される．この行が終了すると，この時点で s=(0+1+2+･･･)+n= $\sum_{i=1}^{n}$i となっている．end do において i が 1 増やされて i=n+1 となる．

`i = n+1`

i > n であるので，ここで処理は打ち切られ，end do の次の行へ進む．

プログラム 4.1 を，n から 1 に i を 1 ずつ減らしながら和を求めるプログラムに書き換えるには `do i=1,n` を `do i=n,1,-1` とするだけでよい．

次に，フィボナッチ数列を求めるプログラムをプログラム 4.2 に示す．フィボナッチ数列は，$a_0 = 1, a_1 = 1$ として $a_{n+1} = a_n + a_{n-1}$ の操作を $i = 1, 2, \cdots, n$ と続けて得られる数列である．プログラム作成に際しては，変数が a_0 から a_n まで $n+1$ 個必要と考えるかもしれないが，一つ計算するごとに出力していけば，プログラム 4.2 のように 3 個の変数で計算することができる．

プログラム **4.2**　フィボナッチ数列を計算するプログラム例

```
program fibonacci
    implicit none
    integer :: i,n,a,a0,a1,a2
    print '(a)', '第何項まで求めますか？'
    read *, n
    a0 = 1
    a1 = 1
    print '(a,i0,/,a,i0)','a0=',a0,'a1=',a1
    do i=1,n-1
        a2 = a0 + a1
        a0 = a1
        a1 = a2
        print '(a,i0,a,i0)','a',i+1,'=',a2
    end do
end program fibonacci
```

do 文の構文では，繰り返し実行するブロックの中に，次のような別の do～end do のブロックを何重にも入れることが可能である．

```
do [制御変数 = 開始値, 終了値 [, 増分]]
繰り返し実行するブロック
    do [制御変数 = 開始値, 終了値 [, 増分]]
        繰り返し実行するブロック
    end do
    繰り返し実行するブロック
end do
```

do 文が，複数入れ子構造になったプログラムの例をプログラム 4.3 に示す．また，このプログラムを実行してディスプレイに表示される結果を出力 4.1 に示す．このプログラム文では，l=m=n=3 としたときの制御変数 i, j, k の値を出力している．一番内側の do 文内の繰り返し計算は k>n の時点で一つ外側の do 文へと移動する．一つ外側の do 文では j>m となるまで繰り返し計算が行われるが，その際に一つ内側の do 文は k=1〜3 の繰り返しが常に行われるため，出力 4.1 の実行結果の一番右側は常に 1, 2, 3 が連続して出力されていることがわかる．

プログラム **4.3**　3 重の do 文を使用したプログラム例

```
program looptest
    implicit none
    integer::i,j,k,l,m,n
    l=3
    m=1
    n=m
    print '(2x,a,4x,a,4x,a)','i','j','k'
    do i=1,13
        print '(a,$)','-'
    end do
    print *
    do i=1,l
        do j=1,m
            do k=1,n
```

```
                print '(i3,2x,i3,2x,i3)',i,j,k
            end do
        end do
    end do
end program looptest
```

出力 **4.1**　プログラム 4.3 の実行結果

```
user@PC looptest % gfortran looptest.f90 -o a
user@PC looptest % ./a
  i    j    k
-------------
  1    1    1
  1    1    2
  1    1    3
  1    2    1
  1    2    2
  1    2    3
  1    3    1
  1    3    2
  1    3    3
  2    1    1
  2    1    2
  2    1    3
  2    2    1
  2    2    2
  2    2    3
  2    3    1
  2    3    2
  2    3    3
  3    1    1
  3    1    2
  3    1    3
  3    2    1
  3    2    2
  3    2    3
```

```
  3    3    1
  3    3    2
  3    3    3
```

4-2　exit 文，cycle 文，goto 文

4-2-1　exit 文

ある繰り返し処理を do 文内で行っている際に，処理から抜けだしたい場合には exit 文を用いる．例えばプログラム 4.4 を実行すると i=1, j=1 で k=1,2,3 の処理を終えた段階で exit 文に遭遇する．ここで，j の更新は打ち切られ，i に制御が移り，i=2 となる．再び j=1 から制御変数 j の do 文の実行が開始されるが，制御変数 k の do 文の実行が完了した段階で exit 文に遭遇し，制御変数 i に制御が移る．プログラム 4.4 の実行結果を出力 4.2 に示す．

プログラム **4.4**　exit 文の使用例

```
program looptest2
    implicit none
    integer::i,j,k,l,m,n
    l=3
    m=1
    n=m
    print '(2x,a,4x,a,4x,a)','i','j','k'
    do i=1,13
        print '(a,$)','-'
    end do
    print *
    do i=1,l
        do j=1,m
            do k=1,n
                print '(i3,2x,i3,2x,i3)',i,j,k
            end do
```

```
            exit
        end do
    end do
end program looptest2
```

出力 **4.2**　プログラム 4.2 の実行結果

```
user@PC looptest2 % gfortran looptest2.f90 -o a
user@PC looptest2 % ./a
  i    j    k
-------------
  1    1    1
  1    1    2
  1    1    3
  2    1    1
  2    1    2
  2    1    3
  3    1    1
  3    1    2
  3    1    3
```

4-2-2　cycle 文

do 文や if 文（後述）などの処理を行っている際に，プログラムが cycle 文まで到達すると，その do 文内の cycle 文以降のブロックは実行されずに end do まで到達する．プログラム 4.5 では，do i=1,2 の直下に cycle 文があるためその下のブロックは実行されることなく i が更新される．したがって，cycle 文直下の print 文と制御変数 j に対する do 文のブロックは実行されず，結果は何も出力されないことになる．一方，プログラム 4.6 では do j=1,2 の直下に cycle 文があるために，その直下の print 文は実行されないが，制御変数 i に関する do 文内の print 文には到達可能であるから，i の内容が出力されることになる．

プログラム **4.5**　cycle 文の使用例 1

```
program cycletest1
    implicit none
    integer :: i,j
    do i=1,2
        cycle
        print '(a,i0)','i=',i
        do j=1,2
            print '(a,i0)','␣␣j=',j
        end do
    end do
end program cycletest1
```

プログラム **4.6**　cycle 文の使用例 2

```
program cycletest2
    implicit none
    integer :: i,j
    do i=1,2
        print '(a,i0)','i=',i
        do j=1,2
            cycle
            print '(a,i0)','␣␣j=',j
        end do
    end do
end program cycletest2
```

4-2-3　goto 文

exit 文や cycle 文では多重の do 文から一気に外へは抜け出すことができない．一方，goto 文を用いれば，goto 文で指定したラベルが付された行まで一気にジャンプすることが可能である．ラベルは 1 から 99999（5 桁）までの整数であり，4 桁以下の整数の場合は例えば 001 のようなラベルの記述も許容される．goto 文を使用した例をプログラム 4.7 に，その実行結果を出力 4.3 に示す．プログラム gototest を実行すると制御変数が，i=1，j=1 の段階で制御変数 k の do 文が実行され，制御変数 k の do 文内の print 文が実行されるが，それが完了した直後に goto 0001 に遭遇し，以降の制御変数 i, j, k の全ての実行が打ち切られ，ラベル 0001 が付された print 文にジャンプする．

プログラム **4.7**　goto 文の使用例

```
program gototest
    implicit none
    integer::i,j,k
    print '(a)','␣␣i␣␣j␣␣k'
    print '(a)','---------'
    do i=1,2
        do j=1,2
            do k=1,2
                print '(x,i2,x,i2,x,i2)',i,j,k
            end do
            goto 0001
        end do
    end do
    0001 print '(a)', '中止しました．'
end program gototest
```

出力 **4.3**　プログラム 4.7 の実行結果

```
user@PC gototest % gfortran gototest.f90 -o gototest
user@PC gototest % ./gototest
  i  j  k
---------
  1  1  1
  1  1  2
 中止しました．
```

演習 4.1　生徒の人数と各生徒の数学の試験の点数が保存されたファイルから，人数と点数を読み込み，点数の平均，分散，標準偏差を計算し，ファイルに結果を出力するプログラムを作成せよ．ただし，生徒数を n 人とし，数学の試験の点数を x_i $(i = 1, 2, \cdots, n)$，点数の平均を m，分散を σ^2，標準偏差を σ とすると，$m = \frac{1}{n}\sum_{i=1}^{n} x_i$，$\sigma^2 = \frac{1}{n}\sum_{i=1}^{n} x_i^2 - m^2$，$\sigma = \sqrt{\frac{1}{n}\sum_{i=1}^{n} x_i^2 - m^2}$ で計算される．すなわち，点数の平均値と点数の 2 乗の平均値がわかれば，これらは全て計算できることとなる．

4-3　条件式

二次方程式の解を計算するとき判別式の正負を調べるなど，数の大小関係を表した式やそれらを組み合わせて得られる式の真偽に基づいて，それ以降の処理を制御するときがある．2 つの数を a と b としたとき，それらの大小関係のプログラムにおける表現を表 4.1 に示す．

真（`.true.`）または偽（`.false.`）を値にもつ 2 つの論理型変数や論理式を `p`, `q` としたとき，それらに対する論理演算の Fortran による表記法を表 4.2 に示す．また，`p` と `q` の真偽の組み合わせにより，論理演算の値がどのようになるかを表 4.3 に示す．論理式を組み合わせて得られる真か偽の値をもつ論理演算式をここでは条件式という．

表 4.1　Fortran における数の大小関係の表記法

数学の表記法	Fortran の表記法	備考
$a < b$	`a<b` または `a.lt.b`	`.lt.` は less than の意味
$a \leq b$	`a<=b` または `a.le.b`	`.le.` は less than or equal の意味
$a = b$	`a==b` または `a.eq.b`	`.eq.` は equal の意味
$a \geq b$	`a>=b` または `a.ge.b`	`.ge.` は greater than or equal の意味
$a > b$	`a>b` または `a.gt.b`	`.gt.` は greater than の意味
$a \neq b$	`a/=b` または `a.ne.b`	`.ne.` は not equal の意味

表 **4.2**　Fortran における論理演算式の表記法

数学の表記法	Fortran の表記法	備考
$p \wedge q$	`p .and. q`	論理積（p かつ q）
$p \vee q$	`p .or. q`	論理和（p または q）
$\neg p$	`.not. p`	否定（p でない） （`.not.` は単項演算子）
$p \equiv q$	`p .eqv. q`	等価（p と q は等価 (equivalent)）
$p \neg \equiv q$	`p .neqv. q`	不等価（p と q は不等価 (not equivalent)） 不等価は排他的論理和 (exclusive or) と等価

表 **4.3**　論理演算式の値の評価

p	q	p.and.q	p.or.q	.not.p	p.eqv.q	p.neqv.q
真	真	真	真	偽	真	偽
真	偽	偽	真	偽	偽	真
偽	真	偽	真	真	偽	真
偽	偽	偽	偽	真	真	偽

4-4　if 文の基本構造

数値計算や機械の動作などにおいては，条件に合わせた計算式の選択や，動作方法を変える必要がしばしば生じる．そのようなときには，条件式を用いて入力値

表 **4.4**　二次方程式の解の計算のアルゴリズム

(1)　$a = 0$ のとき
- (i)　$b = 0$ のとき
  - A)　$c = 0$ のとき x は任意の実数
  - B)　$c \neq 0$ のとき x は解なし
- (ii)　$b \neq 0$ のとき $x = c/b$

(2)　$a \neq 0$ のとき
- (i)　$a > 0$ のとき $x = \left(-b \pm \sqrt{D}\right)/(2a)$（異なる 2 つの実数解）
- (ii)　$a = 0$ のとき $x = -b/(2a)$（重解）
- (iii)　$a < 0$ のとき x の実数解は存在しない．あるいは複素数の解も求めることにすれば $x = \left(-b \pm i\sqrt{-D}\right)/(2a)$（異なる 2 つの複素数解）

や変数に対する判断を行うことが必要となる．例えば二次方程式 $ax^2+bx+c=0$ の実数解が存在するかどうかの判定は，判別式 $D=b^2-4ac$ の値が 0 または正負かどうかで行う．実数 a, b, c をファイルやキーボードから読み込んでこの作業を行うプログラムを作成する場合を考えると，入力された a, b, c の値によっては，一次方程式になっている場合もあることがわかる．すなわち a, b, c の値によって表 4.4 のように作業を分ける必要がある．

このような条件による場合分けは if 文を用いて実装することができる．if 文の構文の一般形を次に示す．

```
if (条件式) then
    上記の条件式が真の場合に実行するブロック（複数行でも可）
[else if (条件式) then
    上記の条件式が真の場合に実行するブロック]
          ⋮
[else
    全ての条件式が偽の場合に実行するブロック]
end if
```

カギ括弧 [ ] で囲まれた部分は，条件や処理が存在しない場合は省略することができる．また，else if の処理は条件が存在する分，複数追加することができる．else if と end if はそれぞれ elseif，endif と書いてもよい．条件とそれを満足するときの処理がただ 1 つのときは，次のように書くこともできる．

```
if (条件式)  条件式が真の場合の処理（1 行）
```

if 文を用いたプログラムの例として，一次方程式 $ax+b=0$ を解くプログラムをプログラム 4.8 に示す．a と b はキーボードから入力し，結果はディスプレイに出力するものとする．

プログラム **4.8**　if 文の使用例

```
! 一次方程式の解を求めるプログラム
program ichijihouteishiki
```

```
    implicit none
    real(8) :: a,b,x
    print '(a,$)', 'aを入れてください:␣'
    read *,a
    print '(a,$)', 'bを入れてください:␣'
    read *,b
    if (a==0.0d0) then
        if (b==0.0d0) then
            print '(a)', 'xは任意の実数．'
        else
            print '(a)', '実数解xは存在しない．'
        end if
    else
        x = -b/a
        print '(a,es15.8)','x=',x
    end if
end program ichijihouteishiki
```

演習 4.2　表 4.4 に示すアルゴリズムに基づき，複数の組の二次方程式の係数 a, b, c をファイルから読み込み，解を計算して適切な編集記述子を用いて整形して別のファイルに出力する Fortran プログラムを作成せよ．

4-5　do while 文の基本構造

条件が成立する限り処理を繰り返させるときは，`do while` 文を使うことができる．`do while` 文の構文を次に示す．

```
do while (条件式)
    条件式が真の場合に繰り返し実行するブロック
end do
```

例えばプログラム 4.9 のような `do while` 文を使ったプログラムを考えると，

条件式は.true.（真値の定数）であるから，永久にdo while文の下のブロックが実行される．ここでは，ディスプレイに1, 2, 3, ⋯ と整数が表示され続けることになる．

プログラム **4.9**　do while 文の使用例

```
program dowhile
    implicit none
    integer :: i=1
    do while(.true.)
        i=i+1
        print *,i
    end do
end program dowhile
```

プログラム4.9を，do while文を用いて10までの正の整数を表示するプログラムに変更するには，do while(.true.)の部分をdo while(i<=9)とすれば，i=9のときはi+1=10が表示され，次にiが9以下という条件式の値が偽となるので，プログラムの制御がdo whileの外に移動することになる．

4-6　select case 文の基本構造

複数の選択肢の中から条件が一致するブロックを実行するときは，select case文を使うことができる．select case文の構文を次に示す．

```
select case (条件式)
    [case 選択肢
        実行するブロック]
    [case default
        実行するブロック]
end select
```

select case 文で実行することは if 文でも実行することができるが，if 文より見やすくプログラムを作成できる場合がある．プログラム 4.10 に select case 文を使用したプログラム例を示す．

プログラム **4.10**　select case 文の使用例

```
program selectcaseexample
    implicit none
    character(132) :: food
    read *, food
    do while (food/='nomore')
        select case(trim(food))
        case('banana')
            print '(a)','果物'
        case('cabbage')
            print '(a)','野菜'
        case default
            print '(a)','食物'
        end select
        read *, food
    end do
    print '(a)','実行を終了します．'
end program selectcaseexample
```

プログラム 4.10 は，単語（英字の文字列）をまずキーボードから読み込み，その単語が「nomore」でなければ do while 文の内側のブロックの select case 文が実行される．単語が「banana」だったときは「果物」，「cabbage」のときは「野菜」，「nomore」以外の他の単語のときは「食物」とディスプレイに表示するプログラムとなっている．また，単語が「nomore」のときは，do while 文の条件式が偽となり，do while のブロックの外に制御が移り，「実行を終了します．」と表示して実行が終了する．

4-7　繰り返し制御を含まないdo文

4-1 節で示した do 文では，次のように繰り返し制御の部分がない形も許される．

```
do
    i = i*100
end do
```

しかしながら，この形では do 文の終了の条件を与えていないので，このプログラムは無限ループに入ってしまい，do 文の外へ脱出することができない．したがって，do と end do の中のブロックに，条件に応じた exit 文や goto 文を挿入しておく必要がある．この場合の例をプログラム 4.11 に示す．

プログラム **4.11**　繰り返し制御を含まない do 文の使用例

```
1  program doexample
2     implicit none
3     integer :: i, s
4     i = 0
5     s = 1
6     do
7        i = i+1
8        if (i>10) exit
9        ! if (i>10) goto 100
10       s = s * i
11       print '(a,i2,2x,a,i0)','i=',i,'s=',s
12    end do
13    100 print '(a)', 'End'
14 end program doexample
```

プログラム 4.11 は，8 行目で i>10 のときに，exit 文で do 文の外に脱出して 13 行目を実行するようになっている．8 行目の代わりに 9 行目の注釈行のように goto 文でラベル 100 がつけられた 13 行目にジャンプするようにしてもよい．

4-8　block 文の基本構造

block 文を用いると，プログラムの実行文の中で局所的に変数の宣言が可能となる．block 文の構文を次に示す．

```
block
    [宣言部]
    [実行部]
end block
```

block と end block で囲まれたブロックの内部で宣言された変数には，ブロックの外から参照することはできない．したがって，block と end block で囲まれたブロック内部とその外で，同じ名前の別の型の変数を宣言することも可能となる．block 文内部で宣言する変数は，宣言時に save 属性をつけないと，ブロックの外部に一旦出て同じブロックに再び入ったときは，その変数の以前の値が維持されている保証はない．save 属性を付けた型宣言の例を次に示す．

```
integer, save ::  i
real, save ::  a, b
```

block 文を使用したプログラムの例をプログラム 4.12 に示す．このプログラムは，整数 k に対して $a = k, b = 2k, c = k^2/4$ を係数とする二次方程式 $ax^2+bx+c = 0$ の根を，$k = 1$〜6 に対して求めている．7〜40 行の do 文の block 文の内部で，判別式 d を実数型として宣言して計算に用いている．一方，block 文の外では 4 行目で整数型の同じ名前の変数 d を宣言している．このプログラムのように，block 文の内部と外部で同じ名前で別の型の変数を宣言して用いることができる．このプログラムの実行結果を出力 4.4 に示す．変数 d が block 文の外部と内部で異なる型の数値として出力されていることがわかる．

プログラム **4.12**　block 文の使用例

```
1 program blockexample
2    implicit none
```

```
   integer :: k, sol=0
   integer :: d=999
   real :: a,b,c,x1,x2

   do k=1,6
      a = real(k)
      b = real(2*k)
      c = real(k*k)/4.0
      print '(/,a,i0,/,3(1x,a,g0))', &
            'k=',k,'a=',a,'b=',b,'c=',c
      print '(a,i0)','␣"d"␣(out␣of␣block)␣=␣',d
      block
         real :: d
         print '(a,g0)','␣Initial␣"d"␣in␣block␣=␣',d

         d = b*b-4.0*a*c
         print '(a,g0)','␣d␣=␣b*b-4.0*a*c␣=␣',d
         if (d < 0.0) then
            sol = 0
         elseif (d == 0.0) then
            sol = 1
            x1 = -b
            x2 = -b
         else
            sol = 2
            x1 = -b + sqrt(d)
            x2 = -b - sqrt(d)
         end if
      end block

      if (sol==0) then
         print '(a)', '␣No␣real␣solution'
      else if (sol==1) then
         print '(a,1x,g0)', '␣Sol␣=␣', x1
      else
         print '(a,2(1x,g0))','␣Sols␣=␣',x1, x2
```

```
      end if
   end do
end program blockexample
```

出力 **4.4**　プログラム 4.12 の実行結果

```
user@PC block % gfortran blockexample.f90 -o a
user@PC block % ./a

k=1
 a=1.00000000 b=2.00000000 c=0.250000000
 "d" (out of block) = 999
 Initial "d" in block = 0.140129846E-44
 d = b*b-4.0*a*c = 3.00000000
 Sols =  -0.267949224 -3.73205090

k=2
 a=2.00000000 b=4.00000000 c=1.00000000
 "d" (out of block) = 999
 Initial "d" in block = 3.00000000
 d = b*b-4.0*a*c = 8.00000000
 Sols =  -1.17157292 -6.82842731

k=3
 a=3.00000000 b=6.00000000 c=2.25000000
 "d" (out of block) = 999
 Initial "d" in block = 8.00000000
 d = b*b-4.0*a*c = 9.00000000
 Sols =  -3.00000000 -9.00000000

k=4
 a=4.00000000 b=8.00000000 c=4.00000000
 "d" (out of block) = 999
 Initial "d" in block = 9.00000000
 d = b*b-4.0*a*c = 0.00000000
 Sol =  -8.00000000
```

```
k=5
 a=5.00000000 b=10.0000000 c=6.25000000
 "d" (out of block) = 999
 Initial "d" in block = 0.00000000
 d = b*b-4.0*a*c = -25.0000000
 No real solution

k=6
 a=6.00000000 b=12.0000000 c=9.00000000
 "d" (out of block) = 999
 Initial "d" in block = -25.0000000
 d = b*b-4.0*a*c = -72.0000000
 No real solution
```

演習 4.3　等差数列の和

等差数列は初項を a_1，公差を d としたとき，第 n 項は $a_n = a_1 + (n-1)d$ であり，第 n 項までの和は，$S_n = \sum_{m=1}^{n} a_m = n\,(a_1 + a_n)\,/2 = n(2a_1 + (n-1)d)/2$ と表される．初項 a_1，公差 d および項数 n を入力し，第 n 項までの数列の和を算出するプログラムを作成せよ．入力する a_1, d, n は input.txt から読み込み，出力結果を output.txt に出力せよ．

演習 4.4　等比級数の和

等比数列は初項を a_1，公比を r としたとき，第 n 項は $a_n = a_1 r^{n-1}$ であり，第 n 項までの和は，$r \neq 1$ のとき，

$$S_n = \sum_{m=1}^{n} a_m = a_1 \frac{1-r^n}{1-r}$$

$r = 1$ のときは，$S_n = na_1$ となる．初項 a_1，公比 r および項数 n を入力し，第 n 項までの数列の和を算出するプログラムを作成せよ．入力する a_1，r，n は input.txt から読み込み，出力結果を output.txt に出力せよ．

演習 4.5　漸化式

実数 a に対して次の漸化式で n を大きくしていったときに x_n は $\sqrt[5]{a}$ に収束する.

$$x_{n+1} = \frac{1}{5}\left(4x_n + \frac{a}{x_n^4}\right)$$

読み込んだ a の値に対して，`do while` 文を用いてこの漸化式が収束するまで計算を繰り返して，$\sqrt[5]{a}$ を計算するプログラムを作成せよ．x_n と x_{n+1} の差が十分小さくなったときに収束したと判定するとよい．また，無限ループに入らないように適切な回数の計算で，計算を打ち切るようにしておく必要がある.

演習 4.6　定積分の近似計算 1

方程式 $f(x) = 2x^2 \cos x$ について区間 $[-\pi, \pi]$ の範囲で積分の近似値を計算するプログラムを作成せよ．ここでは，積分区間 $[-\pi, \pi]$ 幅の 2π を n 個に等分割して関数を台形近似して積分値を計算する．入力する n は `input.txt` から読み込み，出力結果を `output.txt` に出力せよ．分割数を 10，100，1000，10000 として算出し，それぞれの結果と関数電卓で算出した結果を比較せよ.

演習 4.7　定積分の近似計算 2

図 4.1 のように原点 O(0, 0, 0) を中心とした半径 r の球がある ($r > 0$)．この球の

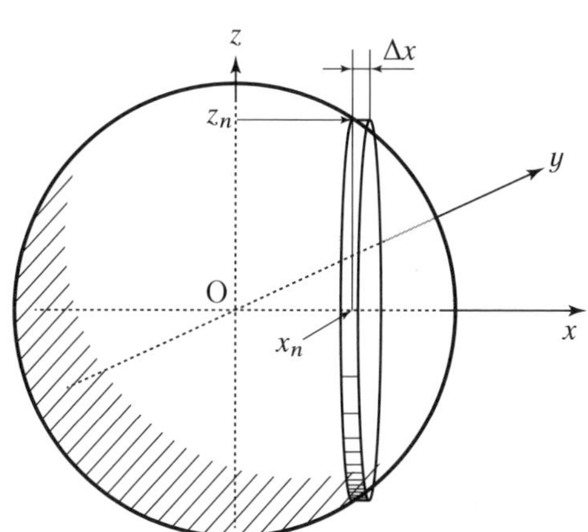

図 4.1　区分求積法により球の体積を求める

体積を区分求積法により求めるプログラムを作成せよ．（ヒント）区分求積法を用いる際の分割の範囲はどうするか？ 高さ Δx の薄い円柱の体積の和として考えると，$x = x_n$ における球面上の z 座標を z_n とすると，薄い円柱の体積 V_n は $\Delta x \times \pi z_n^2$ となる．n は 0 から $N - 1$ までカウントすることになる．球の体積は半径を r とすると $4\pi r^3/3$ となるから，半径 5 ならば体積は 523.33 になる．分割数を大きくすることにより誤差が小さくなることを確認せよ．

演習 4.8　極限 1

次の極限を do 文で計算を繰り返して求めよ．x の値を入力し，繰り返し計算回数 n を 10, 100, 1000, $\cdots$ と変えて計算せよ．

$$\lim_{x \to 0} \left(\frac{\sin x}{x} \right)$$

演習 4.9　極限 2

次の極限を do 文で計算を繰り返して求めよ．x の値を入力し，繰り返し計算回数 $n = 1000$ まで計算してもなかなか収束しないことを確認したら，$n = 1, 2, 3, \cdots$ の代わりに $n = 10, 20, 30, \cdots$ として確認せよ．

$$\lim_{x \to 0} \left(\frac{\tan\ x}{x} \right)$$

演習 4.10　極限 3

次の極限を do 文で計算を繰り返して求めよ．繰り返し計算回数を $n = 10, 100, 1000, \cdots$ として計算せよ．

$$\lim_{x \to 0} (1 + x)^{\frac{1}{x}}$$

第5章

配列

5-1　配列の宣言

計算・入力・出力を繰り返して行うときや，ベクトル・行列・表のデータを扱うときは，番号（添字）のついた変数があれば便利である．さらに，その番号自体も変数となっていれば，do 文で番号を変化させながら変数にアクセスすることが可能となる．すなわち，$a_1, a_2, a_3, a_4, \cdots, a_i, \cdots, a_n$ のように変数の宣言ができて，なおかつ例えば変数 i を $i = 10$ とすると $a_i = a_{10}$ のように参照できる仕組みがあるとよい．

このような仕組みとして，他のプログラミング言語と同様に Fortran では配列が用意されている．配列は，整数型，実数型，複素数型，文字型，論理型およびこれらから派生した型の変数で，同じ名前で番号をつけて一度に複数の変数を宣言する仕組みで，次のような構文に従う．

```
変数の型名, dimension(サイズ)::配列名リスト
```

または

```
変数の型名::変数1(サイズ1)[, 変数2(サイズ2),…]
```

例えば，倍精度実数型の変数 $a_1, a_2, a_3, a_4, \cdots, a_{100}$ と変数 $b_1, b_2, b_3, b_4, \cdots, b_{200}$ を宣言する場合は，次のようにする．

```
real(8) :: a(100), b(200)
```

```
real(kind=8) :: a(100), b(200)
```

```
real(8), dimension(100) :: a
real(8), dimension(200) :: b
```

```
real(8) :: a(1:100), b(1:200)
```

```
real(8), dimension(1:100) :: a
real(8), dimension(1:200) :: b
```

Fortranでは，最後の2つの例のように，a(1:100)やdimension(1:100)のようにすることで，配列の添字の下限と上限を明示することができる．添字の下限値の既定値は1であり，宣言では下限値を通常は省略するが，1以外の下限値を用いたい場合は明記する必要がある．例えば，

```
real(8) :: a(-5:5), b(0:10)
```

のように宣言すると，配列はa(-5), a(-4), ⋯, a(4), a(5)とb(0), b(1), ⋯, b(9), b(10)となる．

サイズを表す添字が複数伴う場合は多次元配列となる．多次元配列の宣言も同様に以下のように行うことができる．

```
real(8), dimension(2,3) :: a, b, c
real(8), dimension(1:2,-1:4) :: d, e
real(8) :: d(10,2), e(100,2,3)
integer :: f(10:20,1:3), g(0:10,0:2,0:3), h(5,5,5)
```

1行目の宣言では，配列a, b, cがいずれも2×3の同じ形の倍精度実数型配列となる．2行目では配列dとeはともに2×6の倍精度実数型配列であるが，最初の添字の範囲は1〜2，次の添字の範囲は−1〜4となるように宣言している．3行目のように配列のサイズを個々の配列変数の名前の後ろに直接書くようにすると，同じ行で形とサイズが異なる複数の配列を宣言することができる．4行目は，3行目と同じ方法で整数型の配列の添字の範囲を配列ごとに指定した例である．

配列を用いたプログラムの例として，プログラム 5.1 に，ファイル inp.txt から 10 個の倍精度実数型のデータを配列に読み込み，その配列の内容をファイル out.txt に書き出すプログラムを示す．3 行目では，ファイルからの入力装置番号とファイルへの出力装置番号をパラメータとして，それぞれ fi=10，fo=11 として宣言している．5 行目では，データの個数 n の宣言と同時にプログラム実行開始時の値を 10 とセットしている．n には値が初期値として代入されているが，パラメータではないので実行時にその値を変更することができる．

プログラム文の 8〜10 行のファイル読み込みに用いた do 文は

```
read(fi,*) (a(i),i=1,n)
```

または

```
read(fi,*) a(1:n)
```

あるいは

```
read(fi,*) a
```

と 1 行に記載してもよい．プログラム 5.1 の場合は，図 5.1 に示すように各行に 1 つずつデータを保存しておかねばならず，1 行に複数の数値が記載されていると後ろが無視されてしまうのに対して，「read(fi,*) (a(i),i=1,n)」で読み込む場合は，図 5.2 に示すように行ごとに見つかるだけのデータを配列 a に読み込んでいく．(a(i),i=1,n) のような書き方は後述する「do 型並び」であるが，図 5.2 のようなデータの場合「read(fi,*) a(1:n)」や「read(fi,*) a」のようなより簡潔な書き方が好ましい．このような配列の読み込み方を比較した例をプログラム 5.2 に示す．14 行目のように「read(12,*) a」とすると，配列宣言した a 全体のデータを読み込もうとする．したがって，a の一部分に対応するデータを読み込みたい場合にはこの表現を使うことはできない．

プログラム **5.1**　do 文を使用した配列へのデータの読み込み例 1

```
1 program dim1
2     implicit none
```

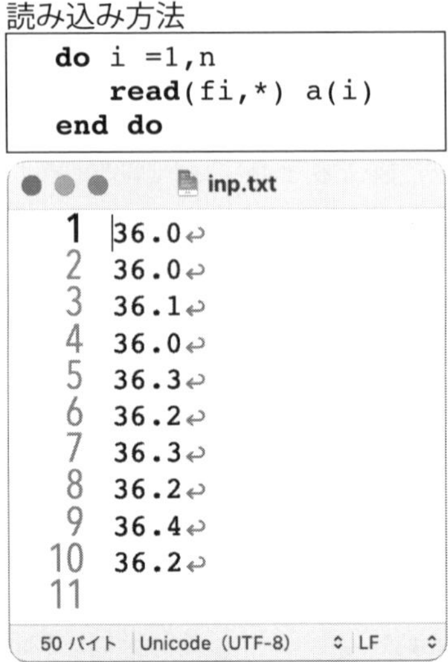

図 5.1　do 文で読み込む場合の入力データファイルの例 1

読み込み方法

```
read(10,*) (a(i),i=1,n)
read(12,*) a
read(14,*) a(1:n)
```

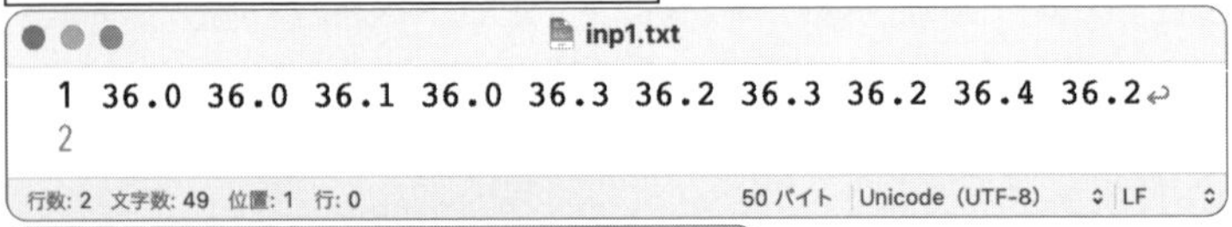

inp1.txt

```
36.0 36.0 36.1 36.0 36.3 36.2 36.3 36.2 36.4 36.2
```

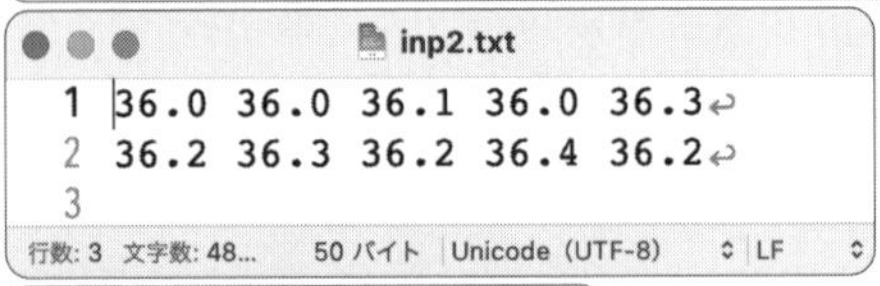

行数: 2　文字数: 49　位置: 1　行: 0　50 バイト　Unicode (UTF-8)　LF

inp2.txt

```
36.0 36.0 36.1 36.0 36.3
36.2 36.3 36.2 36.4 36.2
```

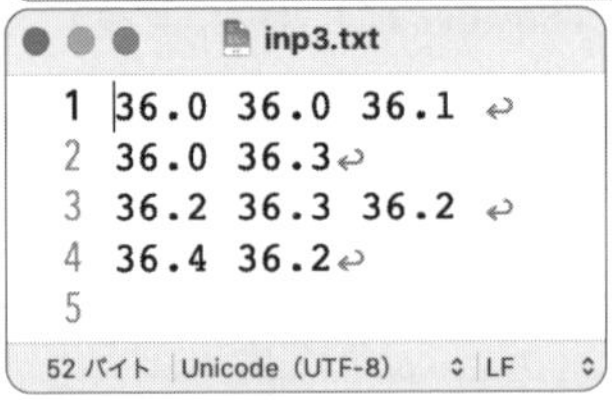

行数: 3　文字数: 48...　50 バイト　Unicode (UTF-8)　LF

inp3.txt

```
36.0 36.0 36.1 
36.0 36.3
36.2 36.3 36.2 
36.4 36.2
```

52 バイト　Unicode (UTF-8)　LF

図 5.2　do 文で読み込む場合の入力データファイルの例 2

```
    integer,parameter :: fi=10, fo=11
    real(8)::a(10)
    integer:: i,n=10
    open(unit=fi, file='inp.txt')
    open(unit=fo, file='out.txt')
    do i =1,n
        read(fi,*) a(i)
    end do
    close(fi)
    write(fo,'(10f5.1)') (a(i), i = 1,n)
end program dim1
```

プログラム **5.2**　do 文を使用した配列へのデータの読み込み例 2

```
program dim2
    implicit none
    real(8)::a(10)
    integer :: i, n=10

    open(10, file='inp1.txt')
    read(10,*) (a(i), i = 1,n)
    close(10)
    open(11, file='out1.txt')
    write(11,'(10f5.1)') (a(i), i = 1,n)
    close(11)

    open(12, file='inp2.txt')
    read(12,*) a
    close(12)
    open(13, file='out2.txt')
    write(13,'(10f5.1)') a
    close(13)

    open(14, file='inp3.txt')
    read(14,*) a(1:n)
    close(14)
```

```
    open(15, file='out3.txt')
    write(15,'(10f5.1)') a(1:n)
    close(15)
end program dim2
```

ところで，文字型変数の配列の場合は注意が必要である．文字型変数は，その変数が保持する文字数を指定することができる．したがって文字型変数の配列は，その長さの文字列それぞれに番号をつけて宣言することを意味する．例を挙げると次のようになる．

```
character(len=5) :: c(50)
```

ここでは，配列の各要素 c(1)～c(50) は全て長さ 5 文字の文字型変数となっている．この場合，

```
c(1) = '123'
c(2) = '1234567'
```

と代入すると，c(1) には 5 文字に満たない文字列が代入されるので，左詰めで c(1)='123␣␣' となり，c(2) は 5 よりも後ろの 67 は切り取られ c(2)='12345' となる．

スカラー変数の場合は，宣言の際に初期値を代入することができたが，配列についても次のようにして，宣言の際に初期値を代入することができる．

```
integer :: m(10)=(/10,9,8,7,6,5,4,3,2,1/)
integer :: b(1:3)=(/(i, i=5,15,5)/)
```

ここで，(i, i=5,15,5) の部分は「do 型並び」と称する表記法で，整数 i のような添字で参照できる複数の要素を，1 つずつ列挙する代わりに do 文のときのカウントの仕方で書き表す方法である．したがって，i=5,15,5 の最初の 5 は i の開始値，15 は終了値，最後の 5 は増分である．do 型並びはこのように括弧で囲む必要がある．

配列への複数のデータの代入は，計算の実行中にも次のように行うことができる．

```
m(1:5) = (/-5,-4,-3,-2,-1/)
b(1:3) = (/(i,i=5,15,5)/)
```

このとき，配列 b には b(1)=5, b(2)=10, b(3)=15 が代入される．

配列の要素への値の代入は，「(/」と「/)」の代わりにカギ括弧「[」と「]」を使って次のように書くこともできる．

```
integer :: m(10)=[10,9,8,7,6,5,4,3,2,1]
integer :: b(1:3)=[(i, i=5,15,5)]
```

以上のように，「(/」と「/)」または「[」と「]」で囲まれたデータのリストは 1 次元配列の要素となっているが，多次元配列へのデータの代入は，1 次元配列を次のように配列関数 reshape を使って並べ替えることによって行う．

```
integer::a(3,2)=reshape((/6,5,4,3,2,1/),(/3,2/))
integer::b(3,2)=reshape((/1,2,3,4,5,6/),shape(a))
```

reshape(a,s) は 1 次元配列 a の要素を配列 s の形状に配列し直す組み込み関数，また shape(a) は配列 a の形状を取り出す組み込み関数である．ここで注意しなければならないのは，reshape((/6,5,4,3,2,1/),(/3,2/)) によって，6, 5, 4 が a(1:3,1) に，3, 2, 1 が a(1:3,2) に配置されることである．このように reshape 関数では，各列を順番に配置していくことに注意する必要がある．

5-2　個数が不明なデータの外部ファイルからの読み込み

測定器などで計測されたデータは点数が不明な場合もあり，読み込みを行う際にあらかじめデータ点数を知りたい場合がある．例えば材料の表面粗さを計測したデータは図 5.3 のように dx の区間ごとに高さ方向の情報（a(1)，a(2), $\cdots$, a(i)，a(i+1), $\cdots$）を数値として持っている．図 5.3 のような数値データがファイル input.txt に保存されている場合のデータ読み込みのプログラムを，プログラム 5.3 に示す．

読み込みに際して重要なポイントを以下に示す．

(1) 3 行目の ios は，ファイル読み込み時にオプション iostat に対する結果を保存するための整数型変数である．ios にはファイルからデータを正常に読み込めた場合は値 0 が返される．データの最終行に到達して読み込むデータがなくなった場合は ios に負の値が代入されて返されるので，ios の値をチェックすると入力ファイルの終端を検出することができる．

(2) 4 行目：Sn は入力された全ての数値の合計を出すために使用する．

(3) 4 行目：Ra は合計された数値 Sn をデータ点数で除した平均値として使用する．表面粗さでは算術平均粗さと呼ばれる．

(4) 5 行目：1 次元配列 a(i) の上限値を，十分な点数のデータを読み込める数として 1000 としている．

(5) 8 行目：データを読み込んだ数を n としてカウントする．最初に n=0 としておく．

(6) 9 行目：全てのデータを合計するため Sn の初期値を倍精度の 0 にしておく．

(7) 10～12 行目：制御変数無しの繰り返し do 文で，読み込んだデータの数を示す変数 n を 1 だけ増やす．最初は n=1 からスタートするので，データファイルの最初の 1 行目のデータが a(1) に，2 行目のデータが a(2) に入力される．この処理が，データの最終行まで到達し，ios に負の値が入力されて返されるまで繰り返す．

(8) 13 行目：ios が負の値のとき，つまり読み込みがファイルの終端に達した時に exit 文により do 文から抜け出す．

(9) 14 行目：合計値 Sn を得るために繰り返し足し算をする．

(10) 17 行目：ios が負のときは a(n) の読み込みは成功していないので，n-1 個のデータが全てのデータ点数になる．合計 Sn を n-1 で除して平均値が得られる．

(11) 18 行目：データ点数 n-1 を出力する．

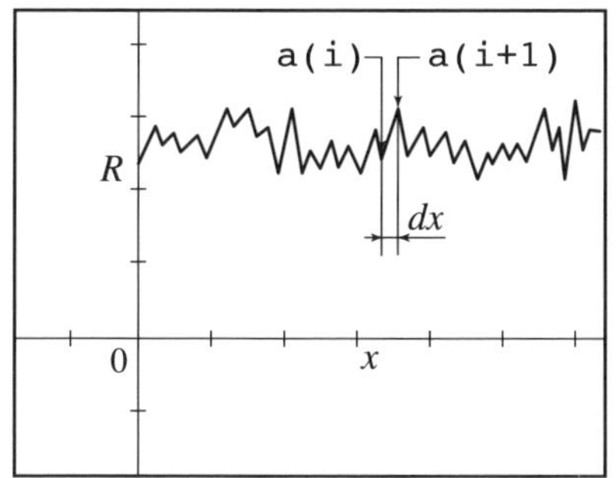

input.txt

```
1  0.124   ← a(1)
2  0.110   ← a(2)
3  0.154
4  0.198
5  0.187
6  0.198
7  0.167
8  0.156
9  0.158
10 0.198
11 0.145
12 0.146
13 0.176
14 0.198   ← a(i)
15 0.134   ← a(i+1)
16 0.128
17 0.219
18 0.198
19 0.176
20 0.201
21 0.147
22 0.165   ← a(n)
23         ← a(n+1)
```

データがないことを確認するためにここまで読み込み

行数: 23...　132 バイト　Unicode (UTF-8)　LF

図 **5.3**　表面粗さの計測データのグラフとデータファイルの読み込み

プログラム **5.3**　表面粗さの計測データファイルを読み込むプログラム例

```
program roughness
    implicit none
    integer :: i,n,ios,fi=10,fo=11
    real(8) :: Sn,Ra
    real(8),dimension(1000):: a
    open(fi, file='input.txt')
    open(fo, file='output.txt')
    n=0
```

```
    Sn=0.0d0
    do
        n=n+1
        read(fi,*,iostat=ios) a(n)
        if(ios<0) exit
        Sn=Sn+a(n)
    end do
    close(fi)
    write(fo,'(a,es15.8)') 'Ra␣=',Sn/(n-1)
    write(fo,'(a,i0)') 'データ数␣n␣=␣',n-1
end program roughness
```

5-3　配列に対する演算

サイズ n の 1 次元配列 a, b,c を考えると，

```
c=a+b
```

は

```
do i=1,n
   c(i)=a(i)+b(i)
end do
```

と同じ結果となる．また，次のようにしてもよい．

```
c(1:n)=a(1:n)+b(1:n)
```

また，この和の操作を配列の k から m の部分のみ行いたいときも，次のように書くだけで実行できる．

```
c(k:m)=a(k:m)+b(k:m)
```

次に，配列 a, b, c が

```
real :: a(5,5),b(5,5),c(5,5)
```

と宣言されていて，a と b には各要素に数値が格納されているものとする．まず，c の全要素を 0.0 にするには，次のように書けばよい．

```
c = 0.0
```

これは c(1:5,1:5)=0.0 と同じ意味である．

a と b の同じ位置の要素同士の和を c の同じ位置に代入したいときは，次のようにする．

```
c = a + b
```

c の全ての要素に対して，1.0 を加えるとき，2.0 を掛けるとき，2.0 で割るときは，それぞれ次のようにする．

```
c = c + 1.0
c = c * 2.0
c = c / 2.0
```

5-4　連立一次方程式のガウスの消去法による計算

連立一次方程式は，係数行列と右辺のベクトルを配列に読み込んで，ガウス（Gauss）の消去法によって解くことができる．いま，次のような連立一次方程式を考える．

$$\left\{\begin{array}{lcl} a_{11}x_1 + a_{12}x_2 + a_{13}x_3 + \cdots + a_{1n}x_n & = & b_1 \\ a_{21}x_1 + a_{22}x_2 + a_{23}x_3 + \cdots + a_{2n}x_n & = & b_2 \\ a_{31}x_1 + a_{32}x_2 + a_{33}x_3 + \cdots + a_{3n}x_n & = & b_3 \\ \vdots & = & \vdots \\ a_{n1}x_1 + a_{n2}x_2 + a_{n3}x_3 + \cdots + a_{nn}x_n & = & b_n \end{array}\right. \tag{5.1}$$

これは，次のように行列と列ベクトルを使って書くことができる．

$$\begin{pmatrix} a_{11} & a_{12} & a_{13} & \cdots & a_{1n} \\ a_{21} & a_{22} & a_{23} & \cdots & a_{2n} \\ a_{31} & a_{32} & a_{33} & \cdots & a_{3n} \\ \vdots & \vdots & \vdots & \ddots & \vdots \\ a_{n1} & a_{n2} & a_{n3} & \cdots & a_{nn} \end{pmatrix} \begin{pmatrix} x_1 \\ x_2 \\ x_3 \\ \vdots \\ x_n \end{pmatrix} = \begin{pmatrix} b_1 \\ b_2 \\ b_3 \\ \vdots \\ b_n \end{pmatrix} \tag{5.2}$$

ガウスの消去法は，まずこの方程式が次の形になるまで基本変形を繰り返す．

$$\begin{pmatrix} a'_{11} & a'_{12} & a'_{13} & \cdots & a'_{1n} \\ 0 & a'_{22} & a'_{23} & \cdots & a'_{2n} \\ 0 & 0 & a'_{33} & \cdots & a'_{3n} \\ \vdots & \vdots & \vdots & \ddots & \vdots \\ 0 & 0 & 0 & \cdots & a'_{nn} \end{pmatrix} \begin{pmatrix} x_1 \\ x_2 \\ x_3 \\ \vdots \\ x_n \end{pmatrix} = \begin{pmatrix} b'_1 \\ b'_2 \\ b'_3 \\ \vdots \\ b'_n \end{pmatrix} \tag{5.3}$$

式 (5.3) の左辺の行列は，対角成分より下の成分が全て 0 となる上三角行列の形に変形されている．例えば式 (5.1) の第 2 行の式の x_1 の項が 0 になるように変形するには，第 2 行の式の両辺から第 1 行の式の両辺を a_{12}/a_{11} 倍したものを辺々引けばよい．第 3 行以降も同様にすれば，第 2 行〜第 n 行の x_1 の項を全て消去できる．この操作が完了したときに，式 (5.3) の行列の第 1 列の第 2 行以下が全て 0 の行列となることがわかる．

次に，第 2 行・第 2 列の x_2 の係数を用いて同様の操作を行えば，第 2 列の第 3 行〜第 n 行の x_2 の項を全て消去できる．この操作を続けていけば，連立方程式の係数行列が式 (5.3) のものとなる．この過程を「前進消去」という．実際の計算では，第 i 行の方程式の x_i の係数 a_{ii} が非常に小さな値や 0 のときもあり得るので，第 i 行から第 n 行までの x_i の係数の絶対値が最大となる式を調べる．この過程は「部分枢軸選択 (Partial Pivoting)」あるいは「部分ピボット選択」と呼ばれる．部分枢軸選択では，$|a_{ii}|$ から $|a_{ni}|$ の最大値に対応する行番号を調べる．仮にその行が第 k 行であったとすると，第 i 行と第 k 行の方程式を入れ換える．これは式 (5.2) では係数行列 a_{ij} と右辺のベクトル b_i の第 i 行

と第 k 行を入れ換えることになる．実際には，行列・ベクトルの行の入れ替えを行うには，$(i+1)$ 回の操作が必要となるので，整数 1〜n を格納した大きさ n の 1 次元配列（例えば swap(n)）を用意すると効率的である．例えば，最初に swap(i) = i, swap(k) = k と格納しておく．これは第 i 行の式は第 i 行にあり，第 k 行の式は第 k 行に格納されているという意味である．第 k 行の $|a_{ki}|$ が最大のとき，swap(i) = k，swap(k) = i と交換すると，第 i 行に対する操作の代わりに第 swap(i) 行の操作を行えばよいことになる．

さて，連立方程式を係数行列が上三角行列になるまで変形した後は，第 n 行の式からまず x_n を計算し，その x_n を用いて，第 $(n-1)$ 行の式から x_{n-1} を計算する．x_n と x_{n-1} を用いると，第 $(n-2)$ 行の式から x_{n-2} を計算できる．これを順番に第 1 行の式まで繰り返せば全ての x_i $(i=1,2,\cdots,n)$ を計算することができる．この過程は「後退代入」と呼ばれ，次の式で書くことができる．

$$x_i = \frac{1}{a'_{ii}}\left(b'_i - \sum_{j=i+1}^{n} a'_{ij}x_j\right) \tag{5.4}$$

以上の過程を擬似コードで記述すると，ガウスの消去法のアルゴリズムは次のようになる（杉原／室田，線形計算の数理，岩波書店，2009 年）．

procedure ガウスの消去法 (A, b, n)
　《前進消去》
　for $k := 1$ **to** $n-1$ **do**
　　《部分枢軸選択》
　　$\left|a^{(k)}_{p_k k}\right| = \max\limits_{k \le i \le n}$ となる p_k を探す;
　　$a^{(k)}_{p_k j}$ と $a^{(k)}_{kj}$ $(j = k, k+1, \cdots, n)$, $b^{(k)}_{p_k}$ と $b^{(k)}_{k}$ を入れ換える;
　　《部分枢軸選択終了》
　　$w := 1/a^{(k)}_{kk}$;
　　for $i := k+1$ **to** n **do**
　　　$m_{ik} := a^{(k)}_{ik} \cdot w$;
　　　for $j := k+1$ **to** n **do**
　　　　$a^{(k+1)}_{ij} := a^{(k)}_{ij} - m_{ik} \cdot a^{(k)}_{kj}$;

end for

$b_i^{(k+1)} := b_i^{(k)} - m_{ik} \cdot b_k^{(k)}$;

end for

end for

《後退代入》

for $i := n$ **to** 1 **do**

$x_i := \left(b_i^{(i)} - \sum_{j=i+1}^{n} a_{ij}^{(i)} x_j\right) / a_{ii}^{(i)}$;

end for

この擬似コードに基づき，連立一次方程式を解く Fortran プログラムの例をプログラム 5.4 に示す．連立一次方程式の次元は 4 で，次の方程式を解いている．

$$\begin{pmatrix} 0.05 & 0.01 & 0.2 & 0.0 \\ 1.5 & 0.0 & 10.0 & 0.0 \\ 0.0 & 1.5 & 2.3 & 1.2 \\ 0.0 & 0.0 & 150.0 & 300.0 \end{pmatrix} \begin{pmatrix} x_1 \\ x_2 \\ x_3 \\ x_4 \end{pmatrix} = \begin{pmatrix} 0.67 \\ 31.5 \\ 14.7 \\ 1650.0 \end{pmatrix} \tag{5.5}$$

式 (5.5) の解は次のようになる．

$$x_1 = 1.0, \quad x_2 = 2.0, \quad x_3 = 3.0, \quad x_4 = 4.0$$

この問題をガウスの消去法で解くプログラム例をプログラム 5.4 に示す．プログラム 5.4 により計算した解の出力は次のようになり，正しい解が得られたことがわかる．

```
x(1) = 1.00000000000000000E+00
x(2) = 2.00000000000000000E+00
x(3) = 3.00000000000000000E+00
x(4) = 4.00000000000000000E+00
```

プログラム **5.4**　ガウスの消去法により連立一次方程式を解くプログラム例

```
program gauss
  implicit none
```

```
    real(kind=8) :: a(4,4),b(4),x(4)
    real(kind=8) :: amax,amaxj,mik,w
    integer :: swap(4)
    integer :: i,j,k,n=4
    integer :: pk,jk

    a(1,1:4) = (/0.05d0,  0.01d0,   0.2d0,     0.0d0/)
    a(2,1:4) = (/1.50d0,  0.00d0,  10.0d0,     0.0d0/)
    a(3,1:4) = (/0.00d0,  1.50d0,   2.3d0,     1.2d0/)
    a(4,1:4) = (/0.00d0,  0.00d0, 150.0d0,   300.0d0/)
    b(1:4)   = (/0.67d0, 31.50d0,  14.7d0, 1650.0d0/)
    ! 解   x1 = 1.0   x2 = 2.0,  x3 = 3.0, x4 = 4.0

    x = 0.0d0
    ! Forward elemination
    do k=1,n
       swap(k)  =  k
    end do

    do k=1,n-1
       ! Partial pivoting
       pk     =  swap(k)
       amax   =  a(pk,k)
       do j=k,n
          amaxj = a(swap(j),k)
          if(abs(amaxj) > abs(amax)) then
             pk    = swap(j)
             amax = amaxj
          end if
       end do
       if (pk /= k) then
          jk = swap(k)
          swap(k)  = pk
          swap(pk) = jk
       end if

```

```
      w = 1.0d0/amax
      do i=k+1,n
         mik  =  a(swap(i),k) * w
         a(swap(i),k+1:n) = a(swap(i),k+1:n) &
                          & - mik*a(swap(k),k+1:n)
         b(swap(i)) = b(swap(i)) - mik*b(swap(k))
      end do
   end do

   ! Backward substitution
   do i=n,1,-1
      do j=i+1,n
         x(i) = x(i) + a(swap(i),j) * x(j)
      end do
      x(i) = (b(swap(i)) - x(i)) / a(swap(i),i)
   end do

   print '(a,i0,a,es22.15)',('x(',i,')␣=',x(i),i=1,n)

end program gauss
```

5-5　配列の組み込み関数

配列の操作に対して，組み込み関数の中でよく用いられるものを示す．（配列，行列，ベクトルを a, b などとする．）

sum(配列 a)

　配列 a の全ての要素の和．

product(配列 a)

　配列 a の全ての要素の積．

matmul(行列 a, 行列 b)

　行列 a と b の積．

transpose(行列 a)

2 次元行列 a の転置行列.

dot_product(ベクトル a, ベクトル b)

ベクトル a とベクトル b の内積.

maxloc(配列 a[,dim,mask,kind,back])

配列 a の最大値の位置を返す．dim, mask, kind, back は省略可能である．dim は最大値を調べる次元で，図 5.4 に示すように例えば a が 3×4 の 2 次元の配列の場合は，dim=1 は各列の最大値の位置を行の番号が増加する方向に調べ，それを列の数だけ繰り返すので，合計 4 個の整数値を返す．dim=2 では，各行の最大値の位置を列の番号が増加する方向に調べるので，合計 3 個の位置を返す．

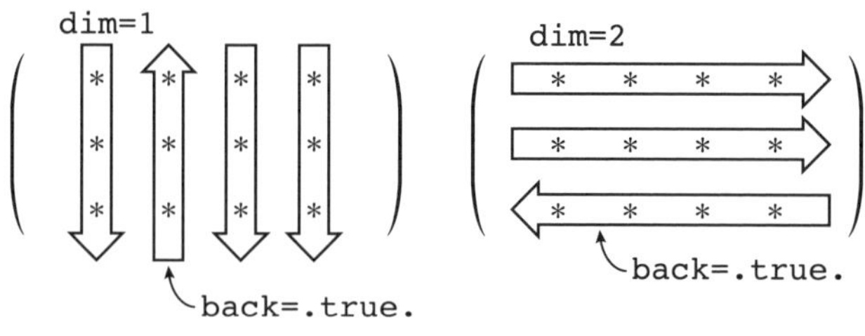

図 5.4　maxloc 関数の最大値の探索方向

mask は最大値を探す範囲を指定する論理式で，例えば配列 a の要素の中で正の値を持つ要素だけを検索の対象とする場合は mask=a>0 のように与える．mask を指定すると，最大値が見つからない場合もあり得る．その場合，maxloc の値は 0 を返す．kind は maxloc によって返す値を kind で指定する種別値のものにする．複数の最大値があるとき maxloc は最初に最大値を発見した位置を返すが，back=.true. とすると，最後の最大値の位置を返す．既定値は back=.false. である．

minloc(配列 a[,dim,mask,kind,back])

配列 a の最小値の位置を返す．省略可能な dim, mask, kind, back の意味は，maxloc と同じである．

maxval(配列 a[,dim,mask])

配列 a の最大値を返す．省略可能な dim, mask の意味は，maxloc と同じである．mask を指定すると，最大値が見つからない場合がある．例えば，配列の要素が全て正の 1 次元配列 b(1:10) に対して，b の要素が負のものの中から最大値を求めようとして，maxloc(b,mask=b<0) を計算すると，この関数は 0 を返す．すなわち b の要素で負の値は存在しないので，結果は 1〜10 の範囲の値でなく，範囲外の 0 を返すわけである．したがって，maxval(b,mask=b<0) は，配列 b(0) という b の添字の範囲を超えた値を参照して返すことになる．b(0) は配列 b としてメモリに割り付けてある範囲の外の値であり，返す値はシステムの状態に依存し，セグメンテーション違反（不正なメモリアクセス）でプログラムの実行が終了する場合がある．したがって，maxval で mask を使うときは maxloc を併用して使い，maxloc の値が配列の添字の範囲外の場合は maxval を実行しないようにする必要がある．

minval(配列 a[,dim,mask])

配列 a の最小値を返す．省略可能な dim, mask の意味は，maxval と同じである．

size(配列 a[,dim])

配列 a の大きさを返す．例えば配列 a が a(1:5,1:10) と宣言されている場合は 50 を返す．dim を指定すると，その添字に関する部分の大きさを返す．例えば size(a,dim=1) に対しては 5 を返す．

shape(配列 a)

配列 a の形状を返す．a が 2×3 の行列の場合は 2 次元の整数型配列定数として (/ 2, 3 /) を返す．配列 a が a(1:2, 1:3, 1:4) と宣言されている場合は，shape(a) は (/ 2, 3, 4 /) となる．また size 関数を使うと，size(shape(a)) は要素が (/ 2, 3, 4 /) の個数となるから，3 を返す．

プログラム 5.5 に配列関数を用いたプログラム例を，出力 5.1 にプログラムの実行結果を示す．24 行目の maxval(a,dim=2,mask=a<0) では，dim=2 であるから列番号が増加する方向に各行の最大値を求めることになる．一方 mask=a<0 であるので 1 行目には負の成分がないため，条件を満足する最大値は得られない．25〜26 行の maxloc(a,dim=2,mask=a<0,kind=8,back=.true.) の出力を見ると，同じ dim=2 と mask=a<0 を使用しているが，a の 1 行目の最大値の場所は存在せず，関数を実行した結果には 0 が出力されている．

プログラム **5.5**　配列関数の使用例

```
1  program arrayfunctest
2       implicit none
3       integer :: loc(2)
4       real :: a(3,4) &
5       & = reshape((/4.0,3.0,-1.0,0.0, &
6       & -6.0,-4.0,0.0,-2.0,5.0,2.0,6.0,-1.0/),&
7       &   (/3,4/))
8       !    4   0  0  2
9       !    3  -6 -2  6
10      !   -1  -4  5 -1
11      integer :: v(4)=(/1,1,3,2/), w(4)=(/3,2,1,1/)
12
13      print '(a,x,i0,x,i0)','(␣1)',minloc(a,mask=a>-2)
14      print '(a,4(x,i0))','(␣2)',minloc(a,dim=1)
15      print '(a,3(x,i0))','(␣3)',minloc(a,dim=2)
16      print '(a,3(x,i0))','(␣4)', &
17      & minloc(a, dim=2, back=.true.)
18      loc = maxloc(a)
19      print '(a,x,i0,x,i0)','(␣5)',loc
20      print '(a,x,i0,x,i0)','(␣6)',maxloc(a)
21      print '(a,x,f0.3)','(␣8)',maxval(a)
22      print '(a,x,f0.3)','(␣9)',maxval(a,mask=a<0)
23      print '(a,3(x,e10.3))','(10)', &
24      & maxval(a,dim=2,mask=a<0)
25      print '(a,3(x,i0))','(11)', &
26      & maxloc(a,dim=2,mask=a<0,kind=8,back=.true.)
27      print '(a,x,i0)','(12)',size(a)
```

```
    print '(a,x,i0)','(13)',size(a,dim=2)
    print '(a,x,i0)','(14)',size(a,dim=2)
    print '(a,2(x,i0),x,a,2(x,i0))','(15)', &
    & shape(a),':',shape(transpose(a))
    print '(a,x,i0)','(16)',dot_product(v,w)
    print '(a,x,i0,x,i0)','(17)', &
    & shape(matmul(a,transpose(a)))
    print '(a,/3(4x,f7.3,x))','(18)', &
    & matmul(a,transpose(a))
    print '(a,x,i0)','(19)',dot_product(v,w)
    print '(a,x,i0)','(20)',sum(v)
    print '(a,x,i0)','(21)',product(v)
end program arrayfunctest
```

出力 **5.1**　プログラム 5.5 の実行結果

```
( 1) 3 1
( 2) 3 2 2 3
( 3) 2 2 2
( 4) 3 2 2
( 5) 2 4
( 6) 2 4
( 8) 6.000
( 9) -1.000
(10) -0.340E+39 -0.200E+01 -0.100E+01
(11) 0 3 4
(12) 12
(13) 4
(14) 4
(15) 3 4 : 4 3
(16) 10
(17) 3 3
(18)
     20.000      24.000      -6.000
     24.000      85.000       5.000
     -6.000       5.000      43.000
(19) 10
```

```
(20) 7
(21) 6
```

5-6　forall 文の基本構造

do 文と同様に繰り返し制御を行う方法として forall 文がある．forall 文は，配列の要素に対して同じ操作を行うときに使用できる．forall 文の構文を次に示す．

```
forall (制御変数 = 開始値:終了値 [:増分])
    繰り返し実行するブロック
end forall
```

または

```
forall (制御変数 = 開始値:終了値 [:増分])　繰り返し実行する文
```

do 文のときのように，増分が省略されているときは既定値は 1 となる．

forall 文を用いたプログラムの例をプログラム 5.6 に示す．

プログラム **5.6**　forall 文の使用例

```
program foralltest
   implicit none
   integer :: i,j
   integer :: a(10) = [0,1,0,2,0,3,0,4,0,5]
   print '(a)','Original'
   print '(10(i3,1x))',a
   forall (i=1:10)
      a(i) = a(i)+1
   end forall
   print '(a)','Modified'
   print '(10(i3,1x))',a
```

```
   forall (i=1:10:3)
      a(i) = a(i)*10
   end forall
   print '(a)','Modified again'
   print '(10(i3,1x))',a
end program foralltest
```

プログラム 5.6 を実行したときの出力は次のようになる．

```
user@PC foralltest % gfortran foralltest.f90 -o a
user@PC foralltest % ./a
Original
  0   1   0   2   0   3   0   4   0   5
Modified
  1   2   1   3   1   4   1   5   1   6
Modified again
 10   2   1  30   1   4  10   5   1  60
```

5-7　where 文の基本構造

forall 文が配列の要素に対して全て同じ操作を行うことに対して，条件を満足する配列の要素に対してのみ操作を行う簡潔な方法として，where 文がある．where 文の構文を次に示す．

```
where (論理配列式)
    真の場合に実行するブロック
[ else where (論理配列式)
    真の場合に実行するブロック ]
            ⋮
[ else where
    上記以外の場合に実行するブロック ]
end where
```

ここで，論理配列式は配列に対する論理式である．例えば a が 10×10 の実数型配列であるとすると，論理配列式 a>0.0 は，配列の要素が正のときに真 (.true.)，ゼロまたは負のときに偽 (.false.) となり，「where (a>0.0)」は，配列の要素が正の全ての要素に対してその直後に記述されているブロックを実行することとなる．それ以外の条件下の処理が必要なときは，「else where (論理配列式)」を用いてさらに条件を追加することも可能であり，他の全ての場合の処理は「else where」の後に処理のブロックを記述し，最後に「end where」で締めくくる．

where 文を用いたプログラムの例をプログラム 5.7 に示す．

プログラム **5.7**　where 文の使用例

```
1  program whereex
2     implicit none
3     integer :: a(3,3)
4     integer :: i,j
5     a =transpose(reshape([1,2,3,4,5,6,7,8,9],[3,3]))
6     print '(3(i3,2x))', ((a(i,j),j=1,3),i=1,3)
7     where (mod(a,3)==0)
8        a = -1
9     else where (mod(a,3)==1)
10       a = 10*a
11    else where
12       a = a-1
13    end where
14    print '(/,3(i3,2x))', ((a(i,j),j=1,3),i=1,3)
15 end program whereex
```

プログラム 5.7 は，where 文を用いて 3×3 の整数型配列の要素が 3 で割りきれるときはその要素に −1 を代入し，余りが 1 のときはその要素を 10 倍し，余りが 2 のときはその要素から 1 を引いている．6 行目と 14 行目の print 文では配列 a の要素を 2 重の do 型並びで出力している．プログラム 5.7 を実行したときの出力は次のようになる．

```
user@PC where % gfortran whereex.f90 -o a
```

```
user@PC where % ./a
   1    2    3
   4    5    6
   7    8    9

  10    1   -1
  40    4   -1
  70    7   -1
```

5-8　配列の動的割り付け

配列の宣言で，実行時に読み込もうとするデータの数が，配列宣言している数よりも多いときは，プログラムを実行できない．配列のサイズをあらかじめ固定しないで，実行時に必要なサイズを確保することができれば（コンピュータが実装しているメモリサイズを超えない範囲では）そのような心配はなくなる．Fortranには，変数の型と配列であるということだけを宣言し，実行時に必要なサイズを確保する手段（動的割り付け）が用意されている．配列を動的に割り付けるには次のように宣言する．

```
integer,allocatable,dimension(:) :: p,q
real(8),allocatable,dimension(:,:) :: a,b,c
real(kind=8),allocatable :: x(:,:),y(:)
```

このように，allocatable属性を追記し，配列のサイズは「:」としておく．上の例では，pとqは1次元の整数型配列，変数a, b, c, xは2次元の実数型配列，yは1次元の実数型配列である．dimension属性を使うときは，「::」の右側には同じ次元の複数の配列をコンマで区切って並べることができる．dimensionを使わないときは，「::」の右側には次元が異なる配列をコンマで区切って並べることができる．

サイズの割り付けは，次の例に示すように実行時にallocate関数で行う．

```
integer :: m,n,ie
character(132) :: mes
allocate(p(100),q(100))
read *,m,n
allocate(a(m,n),b(n,m),c(m,m),stat=ie,errmsg=mes)
if (ie/=0) then
    stop trim(mes)
end if
      （処理）
deallocate(p,q,a,b,c)
      （処理）
```

allocate 関数に stat と errmsg をつけると，動的割り付けが失敗したときに stat で指定した整数型変数に非ゼロの数値，errmsg で指定した文字型変数にエラーメッセージが代入されて返される．割り付けた変数を使った処理が終了したら，上の例に示すように割り付けられたメモリを deallocate 関数で解放するようにする．

配列が割り付けられているかどうかを調べる組み込み関数 allocated が用意されており，次の例のように用いる．

```
if (.not. allocated(a)) allocate(a(3))
```

allocated 関数は真（.true.）または偽（.false.）を結果として返す．

5-9　配列の動的割り付けを使った例

x, y の値を持つ複数のデータが図 5.5 のように分布している．これを 1 本の直線で最小二乗法により近似する．

近似された直線を $y = ax + b$，データの個数を n とすると，x のデータ x_i $(i = 1, 2, \cdots, n)$ を直線の式に代入した y 座標値は $ax_i + b$ $(i = 1, 2, \cdots, n)$ となる．これらと実際の y 座標 y_i $(i = 1, 2, \cdots, n)$ の差の 2 乗 $E = \sum_{i=1}^{n} (ax_i + b - y_i)^2$

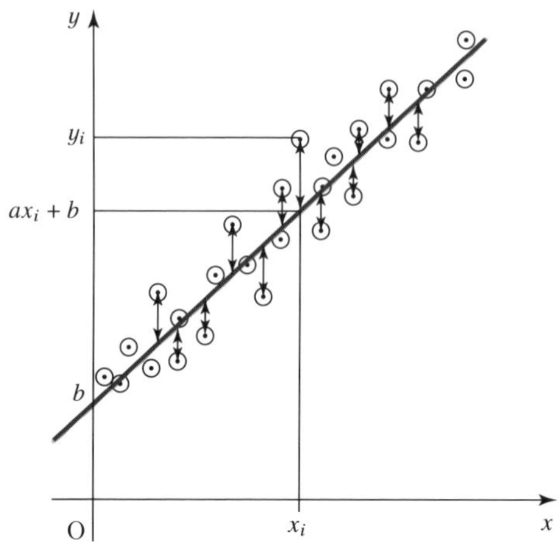

図 5.5　多数の x, y データの最小二乗法による直線近似

を最小とするように係数 a と b を決定すると次のようになる．

$$a = \frac{nS_{xy} - S_x S_y}{nS_{xx} - S_x^2}, \quad b = \frac{S_{xx} S_y - S_{xy} S_x}{nS_{xx} - S_x^2}$$

ただし，

$$S_x = \sum_{i=1}^{n} x_i, \quad S_y = \sum_{i=1}^{n} y_i, \quad S_{xx} = \sum_{i=1}^{n} x_i^2, \quad S_{xy} = \sum_{i=1}^{n} x_i y_i, \quad S_{yy} = \sum_{i=1}^{n} y_i^2$$

である．データファイルから，データの個数とその個数分の x, y の値を読み込み，最小二乗近似された直線の傾き a と y 切片 b の値を出力するプログラムの例を，プログラム 5.8 に示す．

プログラム **5.8**　最小二乗法による直線近似のプログラム例

```
program leastsquare
    implicit none
    integer :: i,n
    real,allocatable::x(:),y(:)
    real::sx,sy,sxx,sxy,syy
    real::a,b
    real::denom
```

```
    open(10,file='inp.txt')
    read(10,*) n
    allocate(x(n),y(n))

    do i=1,n
        read(10,*) x(i),y(i)
    end do

    sx  = sum(x)
    sy  = sum(y)
    sxx = sum(x**2)
    sxy = sum(x*y)
    syy = sum(y**2)
    denom = real(n)*sxx-sx*sx
    a = (real(n)*sxy-sx*sy)/denom
    b = (sxx*sy-sxy*sx)/denom

    print '(a,es15.8,/,a,es15.8)','a=',a,'b=',b

end program leastsquare
```

入力データファイル inp.txt の内容が

```
4
0  1
1  3
2  5
3  7
```

となっているときにこのプログラムを実行すると，次のように正しい直線の傾き a と y 切片 b の値が出力される．

```
a=  2.00000000E+00
b=  1.00000000E+00
```

プログラム 5.8 では，入力データから最初の行にあるデータの個数 n をまず読み込んで，そのサイズを配列 x と y に動的割り付けを行っている．S_x, S_y, S_{xx}, S_{xy}, S_{yy} は，17〜21 行のように簡単に書けてしまうことに注目しよう．

5-10　文字型変数の動的割り付け

文字型変数は長さを指定して宣言するが，文字列の実際の操作においてはその長さが確定していない場合が多い．5-1 節で述べたように，文字型変数は文字列の長さは変数ごとに別々に指定できるから，それ自身が配列のような性質を有しており，さらにある長さを持った文字型変数の配列を宣言することができる．

文字列の長さがプログラムの実行時にならないと確定しない場合は，次のように文字列の長さの動的割り付けが可能な変数として配列を宣言することができる．

```
character(len=:),allocatable :: a,b
character(len=:),allocatable :: c(:)
```

長さが確定した場合には，次のようにして長さの割り付けを行う．

```
allocate(character(len=8)::a,b)
allocate(character(len=10)::c(10))
```

上の例で，変数 a と b の長さが異なる場合には，次のように分けて動的割り付けを行う．

```
allocate(character(len=8)::a)
allocate(character(len=14)::b)
```

このように文字列の長さが動的に割り付け可能な配列の場合，配列の各要素で全て同じ長さとなるように割り付けることになる．異なる長さの文字列として動的に割り付けたい場合には，同じ配列としては扱わずに変数の名前を別にする必要がある．

配列の要素として長さが異なる文字列を動的に割り付けたい場合は，派生型を使った「構造体」を用いれば可能である．派生型の詳細については，第 7 章で説明するが，ここでは長さを動的割り付けできる文字型変数をメンバに持つ，動的割り付けが可能な派生型変数の配列宣言，およびその動的割り付け方法を示す．

```
type::var1        !派生型名
   character(len=:),allocatable::mem      !メンバ名
end type var1
```

```
!派生型(var1型)の変数の宣言
type(var1),allocatable::phrase(:)
type(var1)::sentence
```

```
!派生型(var1型)の変数phraseとsentenceの割り付けの例
allocate(phrase(10))
allocate(character(len=9)::phrase(1)%mem)
phrase(1)%mem = 'Yesterday'
phrase(2)%mem = 'Today'
phrase(3)%mem = 'Tomorrow'
allocate(character(len=100)::sentence%mem)
```

この例に示すように，派生型の var1 型変数 phrase(1) のメンバ mem には allocate 文で長さ 9 が割り付けられている．次の行では phrase(1)%mem に 9 文字の'Yesterday' が代入されている．また，phrase(2)%mem と phrase(3)%mem には直接'Today' と'Tomorrow' が代入されているが，この代入によってそれぞれ 5 文字と 8 文字の文字長がメンバに自動的に割り付けられる．最後に，派生型の var1 型変数 sentence のメンバ mem には，100 文字長が割り付けられる．

プログラム 5.9 には，文字列長の動的割り付け，および派生型配列を用いたメンバごとに異なる文字列長の動的割り付けの例を示す．

プログラム 5.9　文字型変数の文字列長の動的割り付けの例

```
program charalloc
   implicit none
   character(len=:),allocatable :: a(:)
   character(len=:),allocatable :: word1, word2

   type :: ch
      character(len=:),allocatable :: w
   end type ch
   type(ch),allocatable :: c(:)
   type(ch) :: word

   word%w = 'Nice␣to␣meet␣you!'
   print *, word%w

   allocate(character(len=5)::a(3))

   a(1) = 'Yes,'
   a(2) = 'I'
   a(3) = 'am.'
   print *, a(1)//trim(a(2))//'␣'//trim(a(3))

   allocate(character(len=4)::word1)
   allocate(character(len=10)::word2)

   word1 = 'No,␣'
   word2 = 'thank␣you.'
   print *, word1//word2

   allocate(c(3))

   c(1)%w = "What's␣"
   c(2)%w = 'the␣'
   c(3)%w = 'matter?'
   print *,c(1)%w//c(2)%w//c(3)%w

```

```
    deallocate(c)
    print *,'c:␣deallocated.'
    print *,'c:␣allocated?',allocated(c)

    allocate(c(5))
    print *,'c:␣allocated.'
    print *,'c:␣allocated?',allocated(c)
    allocate(character(len=8)::c(1)%w)
    print *, 'c(1)%c:␣allocated.'
    print *, 'c(1)%c:␣allocated?', allocated(c(1)%w)
    print *, 'c(2)%c:␣allocated?', allocated(c(2)%w)
    allocate(character(len=7)::c(2)%w)
    allocate(character(len=8)::c(3)%w)
    allocate(character(len=3)::c(4)%w)
    allocate(character(len=3)::c(5)%w)

    c(1)%w = "Nothing␣"
    c(2)%w = 'really␣'
    c(3)%w = 'matters␣'
    c(4)%w = 'to␣'
    c(5)%w = 'me.'
    print *,c(1)%w//c(2)%w//c(3)%w//c(4)%w//c(5)%w
    deallocate(c)
    print *,'c:␣deallocated.'
    print *,'c:␣allocated?␣', allocated(c)

end program charalloc
```

出力 **5.2**　プログラム 5.9 の実行結果

```
user@PC charalloc % gfortran charalloc.f90 -o a
user@PC charalloc % ./a
 Nice to meet you!
 Yes, I am.
 No, thank you.
 What's the matter?
```

```
c: deallocated.
c: allocated? F
c: allocated.
c: allocated? T
c(1)%c: allocated.
c(1)%c: allocated? T
c(2)%c: allocated? F
Nothing really matters to me.
c: deallocated.
c: allocated?  F
```

演習 5.1　フィボナッチ数列を求めるプログラムを配列を用いて作成せよ.

演習 5.2　ファイルから n 個のデータを読み込み, その平均, 分散, 標準偏差を求めるプログラムを配列を用いて作成せよ.

演習 5.3　ファイルから n 個のデータを読み込み, それを大きい順に並べ替えて出力するプログラムを作成せよ.

演習 5.4　n 個の (x, y) データを $(0, 0) \times (400, 200)$ の範囲に収まるように変換するプログラムを作成せよ.

演習 5.5　演習 5.4 のデータのグラフ（散布図）の EPS ファイルを作成するプログラムを作成せよ. 図の Bounding Box は $(0, 0) \times (400, 200)$ とする.

第6章

関数とサブルーチン

組み込み関数で用意されていない関数が必要になるときや，いくつかのデータに対してまとまった処理を行い，データを変えながらその処理を何度も行う必要があるときは，関数やサブルーチンを用いる．これらは機械構造物における，あるまとまった機能を持つモジュールのようなもので，何らかの操作（入力）を加えると反応（出力）を返すものである．これらを組み合わせて全体のプログラムを作り上げていくプロセスは，機械構造部を作ることと似ている．関数やサブルーチンをまとめて手続き（procedure）とも呼ぶ．

図6.1に示すように，関数は，1つ以上のデータ（引数）に対して関数名を変数とみなして，そこに計算結果のデータを返すまとまった一つのプログラムであり，三角関数などのように式の中で使うことができる．これに対してサブルーチンは，図6.2に示すようにプログラム中で呼び出され，1つ以上のデータ（引数）を渡して，1つ以上のデータ（引数）に処理の結果を返すまとまった一

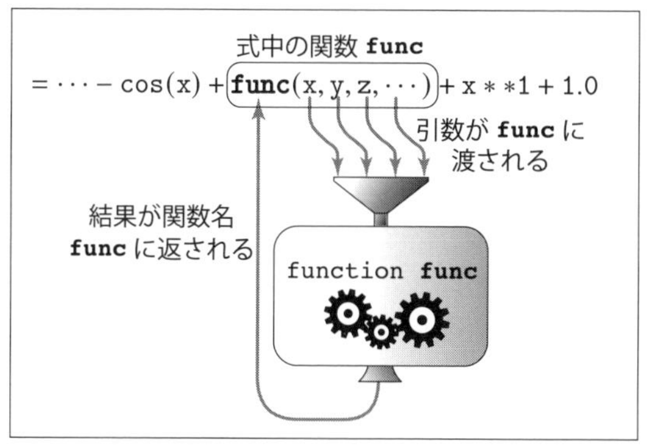

図6.1　関数の処理

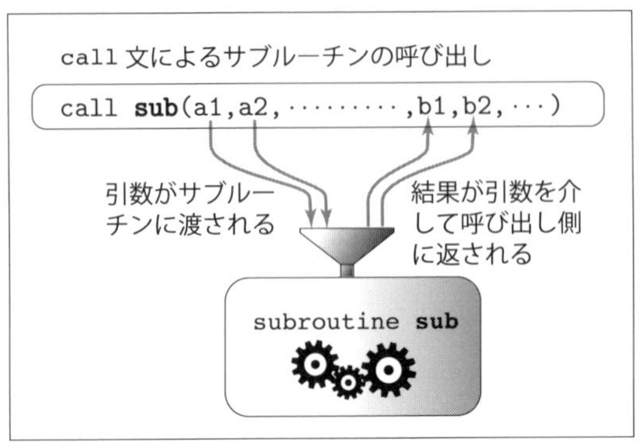

図 6.2　サブルーチンの処理

つのプログラムである．呼び出し側では返ってきたデータをさらに別の部分で使うことになる．

6-1　関数

関数では，関数名に結果を返すが，サブルーチンと同様に，引数に別の結果を返すこともできる．関数は次のような構文で定義する．

```
function 関数名 (仮引数のリスト)
    仮引数・その他の宣言部
    実行部
end function 関数名
```

または

```
function 関数名 (仮引数のリスト) result(変数名)
    仮引数・その他の宣言部
    実行部
end function 関数名
```

仮引数とは，関数を定義する際の仮の引数という意味である．例えば三角関

数を $\sin\theta$ と書いたときの θ がこれに当たる．これに対して三角関数 $\sin(\pi/3)$ を計算するときの $\pi/3$ のように，関数を実際に呼ぶときに渡すデータから成る引数は実引数と呼ばれる．関数の定義において，関数名には program 文のプログラム名と同じように英数字とアンダースコアを用いることができる．関数名はそれ自身が計算結果を格納して返すための変数としての役割があり，関数の定義の中で関数名自身の型宣言が必要となる．しかしながら関数名が長いときには，result(変数名) を付加して，関数名の代わりに関数を計算した結果を格納して返すための簡潔な変数を宣言して，そこに計算結果を代入することができる．実行部のところでこの変数に結果が代入されると，関数を呼び出した側ではその関数名に計算結果が返されたのと同じ扱いができるという仕組みである．

6-1-1　関数を定義して使用する方法の例

関数の実行部で別の関数を呼び出して使用することもできるが，関数の使い方として，主プログラム main で関数 fsub を使う場合について以下に説明する．

(1) main 中で contains の下に fsub を記述して，一つのファイルとして作成する方法（関数やサブルーチンの呼び出し側に処理を戻すには return 文が必要となり，以下の例では return 文を明示的に記述しているが，return 文は処理の途中で実行される場合もあることに注意する）

```
program main
   mainの宣言部
   mainの実行部

   contains
   function fsub(仮引数のリスト)
      fsubの仮引数の宣言部
      fsubの実行部
      return
   end function fsub
```

```
end program main
```

(2) mainの外（mainの記述の前または後ろ）にfsubを記述して，一つのファイルとして作成する方法．この場合，main中で使用する関数もmainの宣言部で宣言する必要があり，そこに使用する関数，その仮引数の型を定義したinterfaceブロックが必要となる．

```
program main
   mainの変数の宣言部

   interface
      function fsub(仮引数のリスト)
         fsubの仮引数の宣言部
      end function fsub
   end interface

   mainの実行部
end program main

function fsub(仮引数のリスト)
   fsubの仮引数の宣言部
   fsubの実行部
   return
end function fsub
```

(3) mainの外（mainの記述の前）にfsubを定義するmodule（モジュールの詳細については第8章で説明）を記述して，一つのファイルとして作成する方法．mainの定義の先頭（implicit文より前）に

　　useモジュール名

と書いて，関数が定義されたmoduleを使うことを宣言する．mainのコンパイル時に，useはすでにコンパイルして作成されたモジュールファイルを結合して使用するので，次に示すようにmainの定義よりも前にmodule

の定義を書いておく必要がある.

```
module mod_func
   mod_funcで定義する変数等の宣言部

   contains
   function fsub(仮引数のリスト)
      fsubの仮引数の宣言部
      fsubの実行部
      return
   end function fsub

end module mod_func

program main
   use mod_func ! <=関数が定義されているモジュール名
   mainの宣言部
   mainの実行部
end program main
```

(4) main を定義しているファイル（main.f90 とする）とは別に，fsub を定義するファイル（fsub.f90 とする）を作成し，別々にコンパイルしてそれぞれのオブジェクトコードを生成し，それらをリンク（結合）して実行プログラムを作成する．この場合，main 中で使用する関数も main の宣言部で宣言する必要があり，そこに使用する関数，その仮引数の型を定義した interface ブロックが必要となる．このような変数や interface ブロック中の宣言は，実際のプログラムでは長いものとなるので，宣言部をまとめて module として定義して，use 文で読み込む方法が用いられることが多い.

■ main のプログラムをソースファイル main.f90 に保存

```
program main
   mainの変数の宣言部
```

```
   interface
      function fsub(仮引数のリスト)
         fsubの仮引数の宣言部
      end function fsub
   end interface

   mainの実行部
end program main
```

■関数 fsub のプログラムをソースファイル fsub.f90 に保存

```
function fsub(仮引数のリスト)
   fsubの仮引数の宣言部
   fsubの実行部
   return
end function
```

(5) module の中で関数の定義も行い，関数が定義された module と関数を利用するプログラムを別々のソースファイルで記述する方法（ここではそれぞれ mod_func.f90 および main.f90 とする）．実行プログラムの作成は，これらのファイルを別々にコンパイルしてオブジェクトコードを生成し，それらを 1 つにリンクして行う．

■ main プログラムをソースファイル main.f90 に保存

```
program main
   use モジュール名    !  <=ここではmod_func
   mainの宣言部
   mainの実行部
end program main
```

■モジュール mod_func のプログラムをソースファイル mod_func.f90 に保存

```
module mod_func
   mod_funcで定義する変数等の宣言部
```

```
    contains
    function fsub(仮引数のリスト)
        fsubの仮引数の宣言部
        fsubの実行部
        return
    end function fsub

end module mod_func
```

6-1-2　仮引数の型宣言

関数やサブルーチンの仮引数の型宣言では，引数の値が呼び出し側で設定され関数やサブルーチン内部で値の変更を禁止したい場合などに応じて，以下のように 3 つの属性が用意されている．

- intent(in)
  引数の値が呼び出し側で設定され，関数やサブルーチン内部における値の変更を禁止
- intent(out)
  呼び出し側では値が設定されず，内部で値が設定され，それを外部に渡す場合
- intent(inout)
  外部と内部の両方で値が設定される場合

これらの属性は，宣言部で以下のように使用する．

```
型名, intent(in) ::  仮引数のリスト
型名, intent(out) ::  仮引数のリスト
型名, intent(inout) ::  仮引数のリスト
```

ここで，関数名はそれ自身が変数名でもあり，関数名には関数の呼び出し後に必ず値が設定されることに注意しよう．関数名自体は引数ではなく，型宣言に

おいては intent(out) 属性は不要であり，それを付加するとコンパイル時にエラーとなる．

例題 6-1

キーボードから球の半径 r を入力して，その球の体積と表面積を計算してディスプレイに表示する対話形式のプログラムを作成せよ．

プログラム 6.1，6.2，6.3 に，例題 6-1 のプログラム例を示す．プログラム 6.1 は主プログラム中の contains 文の後ろに関数の定義を記述した場合，プログラム 6.2 は主プログラム中で使用する関数の宣言を interface ブロックの中に記述した場合，プログラム 6.3 はモジュール mod_sphere の中に関数の定義を記述し，主プログラムの先頭で use 文を記述し，そのモジュールの使用を宣言するようにしたものである．

プログラム 6.1　球の体積と表面積を計算するプログラム例 1

```
program sphere1
   implicit none
   real(8) :: r=1.0d0

   print '(a)','半径r=0またはr<0で終了．'
   do while (r>0.0d0)
      print '(a,$)','球の半径：r␣=␣'
      read *,r
      if (r<=0.0d0) exit
      print '(a,f0.5)', '球の体積　：V␣=␣', vol(r)
      print '(a,f0.5)', '球の表面積：S␣=␣', surf(r)
      print *
   end do
   print '(a,/)', '実行を終了しました．'

   contains

   function vol(r) result(v)
      real(8), intent(in) :: r
```

```
      real(8) :: v
      real(8), parameter :: pi = 2.0d0*acos(0.0d0)
      v = 4.0d0*pi*r**3/3.0d0
      return
   end function vol

   function surf(r) result(s)
      real(8), intent(in) :: r
      real(8) :: s
      real(8), parameter :: pi=2.0d0*acos(0.0d0)
      s = 4.0d0*pi*r**2
      return
   end function surf
end program sphere1
```

プログラム **6.2**　球の体積と表面積を計算するプログラム例 2

```
program sphere2
   implicit none
   interface
      function vol(r) result(v)
         real(8), intent(in) :: r
         real(8) :: v
      end function vol

      function surf(r) result(s)
         real(8), intent(in) :: r
         real(8) :: s
      end function surf
   end interface

   real(8) :: r=1.0d0

   print '(a)','半径r=0またはr<0で終了. '
   do while (r>0.0d0)
      print '(a,$)','球の半径：r␣=␣'
      read *,r
```

```
      if (r<=0.0d0) exit
      print '(a,f0.5)', '球の体積　：V␣=␣', vol(r)
      print '(a,f0.5)', '球の表面積：S␣=␣', surf(r)
      print *
   end do
   print '(a,/)', '実行を終了しました.'
end program sphere2

function vol(r) result(v)
   real(8), intent(in) :: r
   real(8) :: v
   real(8), parameter :: pi = 2.0d0*acos(0.0d0)
   v = 4.0d0*pi*r**3/3.0d0
   return
end function vol

function surf(r) result(s)
   real(8), intent(in) :: r
   real(8) :: s
   real(8), parameter :: pi = 2.0d0*acos(0.0d0)
   s = 4.0d0*pi*r**2
   return
end function surf
```

プログラム **6.3**　球の体積と表面積を計算するプログラム例 3

```
module mod_sphere
   implicit none

   contains

   function vol(r) result(v)
      real(8), intent(in) :: r
      real(8) :: v
      real(8), parameter :: pi = 2.0d0*acos(0.0d0)
      v = 4.0d0*pi*r**3/3.0d0
      return
```

```
   end function vol

   function surf(r) result(s)
      real(8), intent(in) :: r
      real(8) :: s
      real(8), parameter :: pi = 2.0d0*acos(0.0d0)
      s = 4.0d0*pi*r**2
      return
   end function surf
end module mod_sphere


program sphere3
   use mod_sphere
   implicit none
   real(8) :: r=1.0d0

   print '(a)','半径r=0またはr<0で終了．'
   do while (r>0.0d0)
      print '(a,$)','球の半径：r␣=␣'
      read *,r
      if (r<=0.0d0) exit
      print '(a,f0.5)', '球の体積　：V␣=␣', vol(r)
      print '(a,f0.5)', '球の表面積：S␣=␣', surf(r)
      print *
   end do
   print '(a,/)', '実行を終了しました．'
end program sphere3
```

6-2　サブルーチン

複数の変数に処理を施し，それらや別の変数で処理の結果を得たい場合がある．例えば，ある処理の途中に本数が異なる複数の連立一次方程式を繰り返し解く必要がある場合などは，方程式の本数と係数行列の成分，右辺のベクトルの成分を元に処理を施し，未知数のベクトルの成分を計算するようなプログラムがあれば，それを全体の処理の中で繰り返し用いればよい．このようなまとまった処理をするプログラムをサブルーチン（subroutine）と呼ぶ．

サブルーチンには，サブルーチンに渡す変数とサブルーチンから返される変数があり，それらは引数と称する．関数の場合と同様に，サブルーチンとやり取りする引数には，サブルーチン内では値が参照されるだけで変更が許されない変数（`intent(in)` 属性），サブルーチンから値を返すことだけを前提とした変数（`intent(out)` 属性），サブルーチン内で値の参照と変更の両方が許される変数（`intent(inout)` 属性）とがある．

サブルーチンの構文は次のようになる．

```
subroutine サブルーチン名 (仮引数のリスト )
      仮引数の宣言部
      実行部
end subroutine サブルーチン名
```

関数と異なるのは，`function` が `subroutine` となっている点と，関数の場合は関数名に処理の結果が格納されることに対して，サブルーチンでは，処理の結果は引数としてサブルーチンを呼んだ側に返される点である．

例題 6-2

プログラム 6.3 では関数を用いて球の体積と表面積を計算していたが，これをサブルーチンを用いて計算するように変更せよ．

プログラム 6.4 に例題 6-2 のプログラム例を示す．関数と異なり，サブルーチンでは計算結果は引数に返ってくる．したがって，サブルーチンを式の中で用いることはできない．サブルーチンを使用するには，プログラム 6.4 のように `call` 文を用いる．`call` 文の構文を次に示す．

```
call サブルーチン名 (仮引数のリスト)
```

プログラム 6.4 で，call 文の引数として並んでいる変数は呼び出し側で実際に値を持つ実引数である．これに対して，module 内で定義しているサブルーチンの引数は仮引数であり，処理がこれらの引数を用いてどのようになされるかを定義するために用いられるものである．サブルーチンを call 文で呼ぶ際には，仮引数に実際に用いる変数が実引数として割り当てられることになる．

プログラム **6.4**　球の体積と表面積を計算するサブルーチン例

```
module mod_sphere
    implicit none

    contains

    subroutine vol(radius,volume)
        real(8), intent(in)  :: radius
        real(8), intent(out) :: volume
        real(8), parameter   :: pi=2.0d0*acos(0.0d0)
        volume = 4.0d0*pi*radius**3/3.0d0
        return
    end subroutine vol

    subroutine surf(radius,surface)
        real(8), intent(in)  :: radius
        real(8), intent(out) :: surface
        real(8), parameter   :: pi=2.0d0*acos(0.0d0)
        surface = 4.0d0*pi*radius**2
        return
    end subroutine surf
end module mod_sphere


program spheresub
    use mod_sphere
    implicit none
    real(8) :: r=1.0d0   !球の半径
    real(8) :: v,s       !球の体積と表面積
```

```

    print '(a)','半径r=0またはr<0で終了．'

    do while (r>0.0d0)
        print '(a,$)','球の半径：r␣=␣'
        read *,r
        if (r<=0.0d0) exit

        call vol(r,v)
        call surf(r,s)

        print '(a,f0.5)', '球の体積　␣V␣=␣', v
        print '(a,f0.5)', '球の表面積␣S␣=␣', s
        print *
    end do
    print '(a,/)', '実行を終了しました．'
end program spheresub
```

6-3　再帰呼び出し

再帰呼び出しを用いるとプログラムを簡潔に記述できる場合がある．例えば，$n!$ を計算する関数 $\mathrm{fac}(n)$ は，$\mathrm{fac}(1) = 1$, $\mathrm{fac}(n) = n\,\mathrm{fac}(n-1)$ $(n > 1)$ のように，fac 自身を用いて定義できる．このように，関数の定義の中にそれ自身を用いることを再帰呼び出しという．再帰呼び出しが可能な関数は `recursive` という属性をつけて宣言する．再帰呼び出し関数を用いて計算すると，大量のメモリが消費される場合があるので注意する．

例題 6-3

フィボナッチ数を計算するプログラムを再帰呼び出しを用いて作成せよ．

プログラム 6.5 に例題 6-3 のプログラム例を示す．

プログラム **6.5**　再帰呼び出しを用いたフィボナッチ数の計算プログラム例

```
program recursivefibonacci
   implicit none
   integer :: i,n
   print '(a,$)','nを入れてください:'
   read *, n
   do i=0,n
      print '(i0)',fibonacci(i)
   end do

   contains

   recursive function fibonacci(num) result(f)
      implicit none
      integer,intent(in)::num
      integer::f
      if (num == 0) then
         f = 0
      else if (num == 1) then
         f = 1
      else if (num>1) then
         f = fibonacci(num-1) + fibonacci(num-2)
      else
         stop '負の数が入力されました．終了します．'
      end if
      return
   end function fibonacci
end program recursivefibonacci
```

6-4　配列を引数にする方法

6-4-1　引数の参照渡し

参照渡し関数やサブルーチンは，呼び出し側と変数やデータのやり取りをするが，実際に渡されるのは変数の値ではなく，変数の値が格納されているメモリのアドレスである．図 6.3 に示すように，例えば x=1, y=2 という命令では，変数 x と y に対応するアドレスのメモリ上に，それぞれ 1 と 2 が格納される．命令 z=f(x,y)+1 では，変数 x と y のアドレスが関数 f に渡され，関数 f の内部でこれらのアドレスのメモリを参照して処理を行い，関数名 f に対応するアドレスのメモリに値が書き込まれて関数の呼び出し側に処理が返される．すなわち変数名はメモリのアドレスと対応付けられてやり取りされ，関数やサブルーチンには値そのものが渡されるわけではないことに注意する必要がある．この点は，配列を関数やサブルーチンに渡すときも同様である．また，メモリアドレスは，コンパイルしただけでは相対的な位置以外は確定しておらず，実行時に実際のアドレスが確定する．したがって，多くの場合実行のたびごとに異なるメモリアドレスが割り当てられる．

プログラム 6.6 に，整数型配列，整数型変数，倍精度実数型変数，関数名，サブルーチン名それぞれのメモリアドレスを実行時に表示するプログラム例を示す．メモリアドレスの取得には組み込み関数 loc を用いている．出力 6.1 には，プログラム 6.6 を 2 回続けて実行した際のターミナルへの出力を表示している．整数型配列 a のアドレスは配列の先頭 a(1) のアドレスであり，a(2), a(3) のメモリアドレスは a の先頭から 4 バイトずつずれていることがわかる．また，倍精度実数型変数 x と y については，y のアドレスは x のアドレスから 8 バイトずれた位置にある．また，関数やサブルーチンの呼び出しに際しては，各変数値が変化しても，そのアドレスは呼び出しの前後において同じであり，同じメモリアドレスを参照していることがわかる．また，関数名やサブルーチン名についてもそれぞれメモリアドレスが割り当てられており，関数名と関数値を返

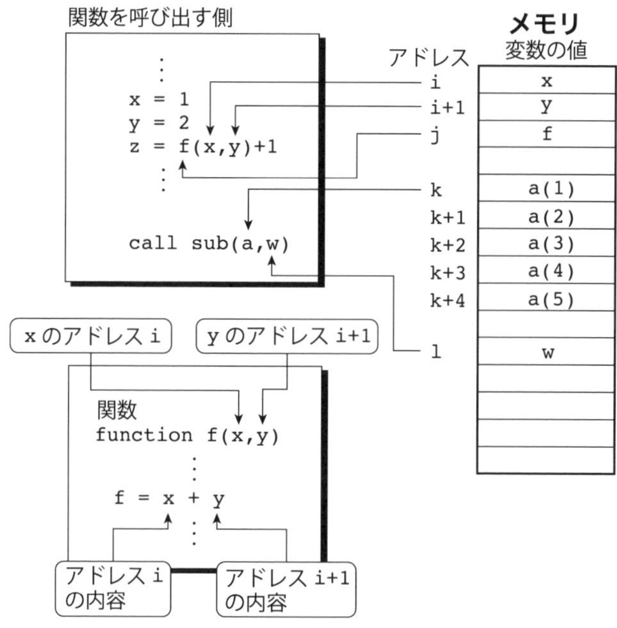

図 **6.3**　関数やサブルーチンに渡す引数

す変数名とは同じであるが，それぞれのメモリアドレスは異なるものとなっている．これらのメモリアドレスの値は，2 回目の実行では 1 回目と異なるものとなっており，実行に際してメモリの状況に応じて随時割り当てられることがわかる．

プログラム **6.6**　変数，関数名，サブルーチン名のアドレスを表示するプログラム例

```
program referencetest
   implicit none
   integer :: a(3)=(/1,2,3/),i=99
   real(8) :: x=3.14d0,y=1.414d0
   write(0,'(a,i0)') 'a:␣␣␣␣',loc(a)
   write(0,'(a,i0)') 'a(1):␣',loc(a(1))
   write(0,'(a,i0)') 'a(2):␣',loc(a(2))
   write(0,'(a,i0)') 'a(3):␣',loc(a(3))
   write(0,'(a,i0)') 'x:␣␣␣␣',loc(x)
   write(0,'(a,i0)') 'y:␣␣␣␣',loc(y)
```

```
    write(0,'(a,i0)') 'i␣before␣call␣␣:␣',loc(i)
    write(0,'(a,i0)') 'f␣before␣call␣␣:␣',loc(f)
    i = f(i)
    write(0,'(a,i0)') 'i␣after␣f␣call␣:␣',loc(i)
    write(0,'(a,i0)') 'f␣after␣f␣call␣:␣',loc(f)
    write(0,'(a,i0)') 'sub␣before␣call:␣',loc(sub)
    call sub(a)
    write(0,'(a,i0)') 'a␣after␣call␣␣␣:␣',loc(a)
    write(0,'(a,i0)') 'sub␣after␣call␣:␣',loc(sub)
    contains
    function f(i)
       implicit none
       integer,intent(in) :: i
       integer :: f
       write(0,'(a,i0)') 'i␣in␣f␣call␣␣␣␣:␣',loc(i)
       f = i+1
       write(0,'(a,i0)') 'f␣in␣f␣call␣␣␣␣:␣',loc(f)
       return
    end function f
    subroutine sub(a)
       implicit none
       integer :: a(3)
       write(0,'(a,i0)') 'a␣in␣sub␣call␣␣:␣',loc(a)
       a = (/4,5,6/)
       return
    end subroutine sub
end program referencetest
```

出力 **6.1**　プログラム 6.6 を 2 回続けて実行したときの各変数等のアドレス

```
user@PC referencetest % ./a.exe
a:     4370862144
a(1): 4370862144
a(2): 4370862148
a(3): 4370862152
x:     4370862160
```

```
y:    4370862168
i before call  : 4370862176
f before call  : 13107721708
i in f call    : 4370862176
f in f call    : 13107721020
i after f call : 4370862176
f after f call : 13107721708
sub before call: 13107721680
a in sub call  : 4370862144
a after call   : 4370862144
sub after call : 13107721680
user@PC referencetest % ./a.exe
a:    4330602560
a(1): 4330602560
a(2): 4330602564
a(3): 4330602568
x:    4330602576
y:    4330602584
i before call  : 4330602592
f before call  : 13028152812
i in f call    : 4330602592
f in f call    : 13028152124
i after f call : 4330602592
f after f call : 13028152812
sub before call: 13028152784
a in sub call  : 4330602560
a after call   : 4330602560
sub after call : 13028152784
```

6-4-2　配列をサブルーチンに渡す方法

プログラム 6.7 では，配列をサブルーチンに渡す例を示している．呼び出し側では `call sub(a)` として，配列の先頭のメモリアドレスがサブルーチン `sub` に渡される．サブルーチン側では，変数 `a` の先頭のメモリアドレスを受け取り，さらに13行目のように配列のサイズを宣言する．ただし，配列の先頭のメモリアドレスはサブルーチン側に渡されているので，注釈のように a(:) とだけして，1次元の配列であることをサブルーチンに教えてもよい．実際，呼び出し側で動的に配列のサイズを決定する場合など，サブルーチン側で配列のサイズを決定する必要がない場合はこのように書く利点があることになるが，配列のサイズを超えたメモリアクセスがないように，実行時に正しく管理する必要がある．

プログラム 6.7　サブルーチンとの配列の受け渡しの例

```
1  program referencearray
2     implicit none
3     integer :: a(3)=(/1,2,3/)
4
5     print '(3(i0,:,2x))',a
6     call sub(a)
7     print '(3(i0,:,2x))',a
8
9     contains
10
11    subroutine sub(a)
12       implicit none
13       integer :: a(3)  ! a(:)としてもよい
14       a = (/4,5,6/)
15       return
16    end subroutine sub
17 end program referencearray
```

配列を引数としてサブルーチンに渡すその他の方法の例をプログラム6.8に，出力を出力6.2に示す．このプログラムでは，1次元の配列 a，b，2次元の配列 c，3次元の配列 d をサブルーチンに渡している．サブルーチン sub にはこれらの配列を a，b，b，b，c，c，c，d，d，d の順番に渡している．サブルーチン側では，最初に受け取った配列を integer :: a(:) のように1次元の配列であるとして宣言している．このようにすると，a のサイズは配列の組み込み関数 size(a,1) により参照することができる．また，呼び出し側の引数として渡された b, b(3:5), b はサブルーチン側では，integer :: b1(*),b2(:),b3(n3,*) と宣言している．最初の b1(*) の宣言では，配列の形は 1 次元で，そのサイズは呼び出し側で宣言したものを用いることを意味している．この場合，b1 のサイズを size(b1,1) として取得することはできないので，b1 の添字の範囲 n6 をサブルーチンに渡しておく必要がある．サブルーチン側の配列 b2(:) は，呼び出し側で部分配列 b(3:5) を渡している．したがって，サブルーチン側の宣言 integer :: b2(:) ではサイズを 3 として受け取っており，size(b2,1) によりサイズを取得することができる．一方，b3(n3,*) では呼び出し側で 1 次元配列として宣言したものをサブルーチン側では 2 次元配列として用いることを宣言している．整数 n3 は parameter 属性を付けて宣言されていないが，サブルーチンで受け取る配列の宣言に用いることができる．b3 の第 1 次元の範囲は 1〜n3 と宣言し，第 2 次元は呼び出し側で宣言したサイズとマッチするサイズとなる．この場合は，明示的に渡されている第 1 次元については size(b3,1) によって添字の範囲を取得することができるが，第 2 次元については添字の範囲を取得することはできない．同様に，呼び出し側で渡した同一の 3 次元配列 d をサブルーチン側では，integer::d1(:,:,:),d2(n2,n3,*),d3(n4,n3,*) と 3 つのパターンで受け取っている．d1(:,:,:) は，d1 が 3 次元の配列と定義されており，size(d1,1)，size(d1,2)，size(d1,3) により，それぞれの次元のサイズを取得することができる．このような配列を自動配列（automatic arrays）という．一方，d2(n2,n3,*) は大きさ n2×n3×* で呼び出し側の配列 d(1:2,1:3,1:4) を受け取っており，最後の*は呼び出し側のサイズ 4 として受け取ることになる．これに対して，d3(n4,n3,*) は d(1:2,1:3,1:4) を 4×3×*の配列として形を変えて受け取っている．最後の*の部分のサイズは，サブルーチン側にはわからないので，サブルーチンの引数としてそのサイズも渡しておく必要がある．全体としての大きさは呼び出し側と読み込み側で同じ 24 であり，*=2 であることが管理できていれば，実行時にエラーとはならない．

プログラム **6.8**　サブルーチン側で受け取った配列の宣言の例

```
program arrayargument
   implicit none
   integer :: a(3)=[1,2,3]
   integer :: b(6)=[11,12,13,14,15,16]
   integer :: c(3,2) = reshape([1,3,5,2,4,6],[3,2])
   integer :: d(2,3,4) &
      = reshape([1,13,5,17,9,21,2,14,6,18,10,22, &
        3,15,7,19,11,23,4,16,8,20,12,24],[2,3,4])
   integer :: i,j,k
   print '(a,/,3(i0,:,2x))','Array␣a:',a
   print '(a,/,6(i0,:,2x))','Array␣b:',b
   print '(a,/,2(i0,:,2x))', &
         'Array␣c(3,2):',((c(i,j),j=1,2),i=1,3)
   print '(/,a,/,2(3(4(i2,:,2x),/),/))', &
         'Array␣d(2,3,4):', &
         (((d(i,j,k),k=1,4),j=1,3),i=1,2)

   call sub(a,b,b(3:5),b,c,c,c,d,d,d,6,2,3,4)

   contains

   subroutine sub(a,b1,b2,b3,c1,c2,c3,d1,d2,d3, &
         n6,n2,n3,n4)
      implicit none
      integer :: n2,n3,n4,n6
      integer :: a(:)
      integer :: b1(*),b2(:),b3(n3,*)
      integer :: c1(:,:),c2(n3,*),c3(n2,*)
      integer :: d1(:,:,:),d2(n2,n3,*),d3(n4,n3,*)
      integer :: i,j,k

      print '(3(/,a))', &
         repeat('=',24), &
         'Printing␣from␣subroutine', &
         repeat('=',24)
```

```
    print '(/,a,/,3(i0,:,2x),/,a,/,3(i0,:,2x))', &
       'Array␣a:',a, &
       'Array␣a(:):',(a(i),i=1,size(a))
    print '(/,a,/,6(i0,:,2x))', &
       'Array␣b1(*):',(b1(i),i=1,n6)
    print '(/,a,/,6(i0,:,2x))', &
       'Array␣b2(:):',(b2(i),i=1,size(b2,1))
    print '(/,a,/,2(i0,:,2x))', &
       'Array␣b3(3,*):',&
       ((b3(i,j),j=1,n2),i=1,n3)
    print '(/,a,/,2(i0,:,2x))', &
       'Array␣c1(:,:):', &
       ((c1(i,j),j=1,size(c1,2)), &
       i=1,size(c1,1))
    print '(/,a,/,2(i0,:,2x))', &
       'Array␣c2(3,*):',&
       ((c2(i,j),j=1,n2),i=1,n3)
    print '(/,a,/,3(i0,:,2x))', &
       'Array␣c3(2,*):',&
       ((c3(i,j),j=1,n3),i=1,n2)
    print '(/,3(a,i0,:,2x))', &
       '(d1,1)=',size(d1,1), &
       '(d1,2)=',size(d1,2), &
       '(d1,3)=',size(d1,3)
    print '(/,a,/,2(3(4(i2,:,2x),/),/))', &
       'Array␣d1(:,:,:):',&
       (((d1(i,j,k),k=1,size(d1,3)), &
       j=1,size(d1,2)),i=1,size(d1,1))
    print '(/,a,/,2(3(4(i2,:,2x),/),/))', &
       'Array␣d2(2,3,*):',&
       (((d2(i,j,k),k=1,n4),j=1,n3),i=1,n2)
    print '(/,a,/,4(3(2(i2,:,2x),/),/))', &
       'Array␣d3(4,3,*):', &
       (((d3(i,j,k),k=1,n2),j=1,n3),i=1,n4)

    return
```

```
  end subroutine sub

end program arrayargument
```

出力 **6.2** プログラム 6.8 の実行結果

```
user@PC arrayargument % ./a.out
Array a:
1  2  3
Array b:
11  12  13  14  15  16
Array c(3,2):
1  2
3  4
5  6

Array d(2,3,4):
 1   2   3   4
 5   6   7   8
 9  10  11  12

13  14  15  16
17  18  19  20
21  22  23  24

========================
Printing from subroutine
========================

Array a:
1  2  3
Array a(:):
1  2  3

Array b1(*):
11  12  13  14  15  16

Array b2(:):
13  14  15

Array b3(3,*):
11  14
```

```
12  15
13  16

Array c1(:,:):
1  2
3  4
5  6

Array c2(3,*):
1  2
3  4
5  6

Array c3(2,*):
1  5  4
3  2  6

(d1,1)=2   (d1,2)=3   (d1,3)=4

Array d1(:,:,:):
 1   2   3   4
 5   6   7   8
 9  10  11  12

13  14  15  16
17  18  19  20
21  22  23  24

Array d2(2,3,*):
 1   2   3   4
 5   6   7   8
 9  10  11  12

13  14  15  16
17  18  19  20
21  22  23  24

Array d3(4,3,*):
 1   3
 9  11
 6   8

13  15
```

```
21  23
18  20

 5   7
 2   4
10  12

17  19
14  16
22  24
```

6-5　オプショナル引数

関数の計算では引数のいくつかを省略したい場合がある．例えば引数として実数を 2 個渡したときは一次方程式の解を計算し，3 個渡したときは二次方程式の解を計算するような関数を作る場合は，引数が省略できると都合がよい．このように関数やサブルーチンなどの手続きで省略可能な引数には，手続き内部の宣言部で，`optional` 属性をつけて宣言する．また，呼び出しに際して引数が省略されているかどうかは，`present(引数名)` でチェックする．`present(引数名)` が返す値が「真」か「偽」により，省略されていないかいるかが判断できる．

プログラム 6.9 に，3 つの実数 `x, y, z` か 2 つの実数 `x, y` かにより，原点からの 3 次元空間内の点または平面上の点までの距離を計算して返す関数の例を示す．`z` 座標が省略可能であり，関数の仮引数の宣言を `real,optional,intent(in) :: z` とすることにより，`z` が省略可能であることを示している．また，関数 `present(z)` により，`z` が省略されていない場合は「真」，省略されている場合は「偽」となり，点が 3 次元空間内にあるのか平面上にあるのかの場合分けを行っている．

プログラム 6.9　オプショナル引数を用いた関数のプログラム例

```
program optionalexample
   implicit none
   real :: x,y,z
```

```
    x = 3.0
    y = 2.0

    ! xとyだけを渡すとき
    print '(a,f8.5)','sqrt(x^2+y^2)␣␣␣␣=',dist(x,y)

    z = 1.0
    ! x, y, zを渡すとき
    print '(a,f8.5)','sqrt(x^2+y^2+z^2)=',dist(x,y,z)

    contains
    function dist(x,y,z)
       implicit none
       real,intent(in) :: x,y
       real,optional,intent(in) :: z
       real :: dist
       if (present(z)) then
          dist = sqrt(x*x+y*y+z*z)
       else
          dist = sqrt(x*x+y*y)
       end if
       return
    end function dist
end program optionalexample
```

6-6　キーワード引数

関数やサブルーチンの仮引数の変数名がわかっているときは，引数を「引数名=値」のように引数名のキーワードを用いて値を直接渡すことができる．この場合，引数のリストにおけるその順番を気にする必要がなくなる．また，実引数を途中まで順番通り与えて，途中からキーワード引数として順番を変えて渡すこともできる．キーワード引数を用いるには，関数やサブルーチンの中で定義されている引数の名前をあらかじめ知っておく必要がある．

プログラム 6.10 にキーワード引数を用いたプログラム例を示す．5, 7, 9 行目で，キーワード引数を用いた引数 **arg1**, **arg2**, **arg3** への 3 種類の値の渡し方をテストしている．出力 6.3 にその実行結果を示す．

プログラム **6.10**　関数呼び出しにキーワード引数を用いた例

```
1  program func_keywordarg
2      implicit none
3  
4      print '(a,i0)','arg1+2*arg2+arg3␣=␣', &
5          func(arg1=1,arg2=2,arg3=9)
6      print '(a,i0)','arg1+2*arg2+arg3␣=␣', &
7          func(arg2=20,arg1=10,arg3=9)
8      print '(a,i0)','arg1+2*arg2+arg3␣=␣', &
9          func(10,arg3=9,arg2=20)
10 
11     contains
12 
13     function func(arg1, arg2, arg3)
14         implicit none
15         integer,intent(in) :: arg1, arg2, arg3
16         integer :: func
17         func = arg1 + 2*arg2 + arg3
18         return
19     end function func
20 end program func_keywordarg
```

出力 **6.3**　プログラム 6.10 の実行結果

```
user@PC fkeyarg % gfortran func_keywordarg.f90 -o a
user@PC fkeyarg % ./a
arg1+2*arg2+arg3 = 14
arg1+2*arg2+arg3 = 59
arg1+2*arg2+arg3 = 59
```

6-7　関数を引数にする方法

様々な関数について，ある区間での数値積分，関数の零点や最大値・最小値の計算を行うようなプログラムを作成するときに，これらを計算するアルゴリズムが同一の場合は，関数名も引数として渡す必要がある．

例題 6-4

ある関数 f と区間の範囲 a, b を受け取り，$f(a)$ と $f(b)$ の平均値を計算して返す関数を作成せよ．

関数やサブルーチン名を別の関数やサブルーチンに渡すには，それらの名前を引数に加え，関数やサブルーチンのプログラム内で使用する関数の `interface` として，それらで用いる変数の型などを定義しなければならない．プログラム 6.11 に例題 6-4 のプログラム例を示す．このプログラムでは，平均値を計算する関数 `meanf` の定義では，一般的な関数名 `f` と一般的な区間 `x1` と `x2` を受け取り，`(f(x1)+f(x2))*0.5` を計算して結果を返す関数となっている．一方，実際に平均値を計算する関数の名前は `func` であり，これを実引数とし，さらに平均値を計算する区間の実引数 `a` と `b` も `meanf` に渡して実行している．`meanf` の定義では，渡される一般的な関数 `f` で使用する変数の型を `interface` で定義している．このプログラムを実行すると結果が

```
mean value= 0.80000000E+01
```

と正しく表示されることが確認できる．

プログラム **6.11**　関数名を渡したプログラム例

```
program passingfunction
   implicit none
   real :: a, b, v
   a = 1.0
   b = 3.0
   v = meanf(func,a,b)
```

```
  print '(a,e15.8)', 'mean value=',v

  contains
  function meanf(f,x1,x2)
     implicit none
     real,intent(in)::x1,x2
     real::meanf
     interface
        function f(x)
           implicit none
           real,intent(in)::x
           real::f
        end function f
     end interface
     meanf = (f(x1)+f(x2))*0.5
     return
  end function meanf

  function func(x)
     implicit none
     real,intent(in)::x
     real::func
     func = 1+x+x**2
     return
  end function func
end program passingfunction
```

演習 6.1　$y = f(x)$ が x 軸と交わるときの x の値を求める方法としてニュートン（Newton）法がある．図 6.4 に示すように，点 $(x_1, f(x_1))$ の接線の方程式を

$$y = f'(x_1)(x - x_1) + f(x_1)$$

と表した場合，この直線と x 軸との交点を x_2 として上式に x_2 を代入すると

$$0 = f'(x_1)(x_2 - x_1) + f(x_1)$$

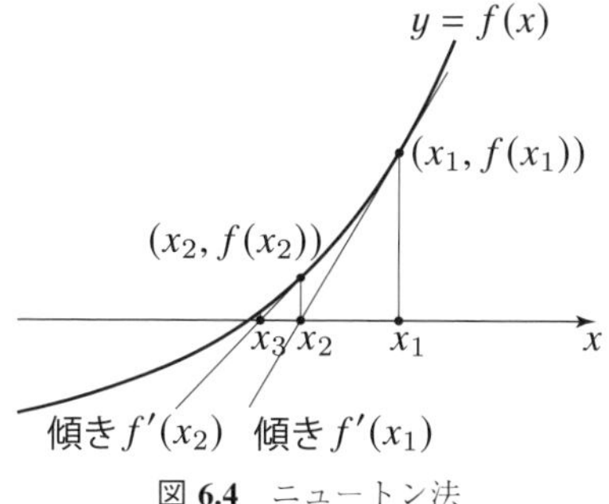

図 **6.4**　ニュートン法

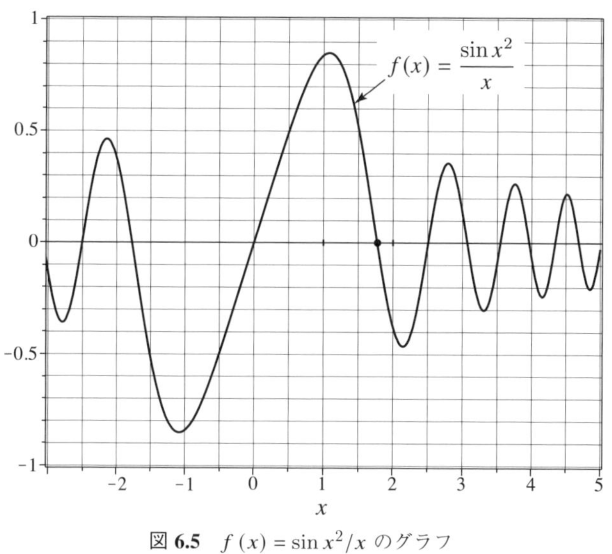

図 **6.5**　$f(x) = \sin x^2/x$ のグラフ

と表されることから，以下の x_2 が導かれる．

$$x_2 = x_1 - \frac{f(x_1)}{f'(x_1)}$$

ニュートン法は，以上の操作を続けて接線と x 軸との交点を $x_2, x_3, \cdots$ と順番に求めていき，$y = f(x)$ が x 軸と交わる点，すなわち $f(x) = 0$ の解を求めようとする方法である．

ニュートン法を用いて $f(x) = \sin x^2/x = 0$ の $1 < x < 2$ における解を求めるプ

ログラムを作成せよ．プログラムには関数 $f(x)$ と $f'(x)$ を計算するための関数（例えばそれぞれ `f(x)` と `dfdx(x)`）をそれぞれ関数として宣言すること．$f(x)$ のグラフは図 6.5 のようになることから，x の初期値は 1.5 として計算し始めればよいかもしれないが，初期値を 1.2 とした場合は，接線が x 軸と交わる点が離れてしまい，方程式の別の解が得られることになる．したがって $f(x) = 0$ となる結果が複数確認できるので，解を得ようとする場合には，解を絞る工夫が必要である．

演習 6.2　演習 6.1 で用いた関数について，$1 < x < 2$ における $f(x) = 0$ の解を二分法で求めるプログラムを作成せよ．

二分法では，$f(x) = 0$ となる x を求めるために，x を変化させながら $f(x)$ の値を計算して $f(x_1)$ と $f(x_2)$ が異符号となる区間 $[x_1, x_2]$ をまず見つける．例えば図 6.6 では，$f(x_1) < 0$ および $f(x_2) > 0$ となっている．次に，区間 $[x_1, x_2]$ の中点 x_3 での $f(x_3)$ を計算し，$f(x_3) > 0$ ならば x_3 を新しい x_2 とし，$f(x_3) < 0$ ならば x_3 を新しい x_1 として，$f(x)$ が x 軸と交わる点に向かって範囲を狭めていく．この操作を，区間の幅が十分小さくなるまで続けていくことにより，$f(x) = 0$ となる x を求める方法が二分法である．

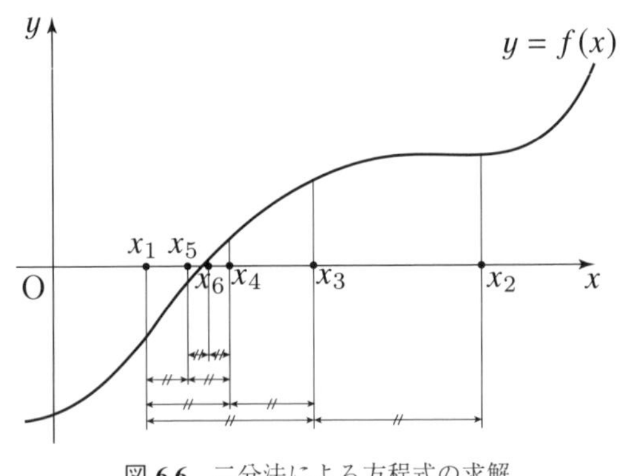

図 6.6　二分法による方程式の求解

演習 6.3　$y = \sin x$ の $x = 0$ から $x = \theta(\leq \pi)$ までの曲線の長さを，ガウス・ルジャンドル（Gauss-Legendre）公式を用いて数値積分により計算する関数を作成せよ．

ガウス・ルジャンドル公式は，関数 $f(x)$ を積分区間 $[-1,1]$ で次のような公式で数値積分するものである．

$$\int_{-1}^{1} f(x)\,dx = \sum_{i=1}^{n} w_i f(x_i)$$

ただし，$x_i\ (i=1,2,\cdots,n)$ は区間 $[-1,1]$ 内の分点，すなわちルジャンドル多項式の零点 $P_n(x_i)=0$，また，$w_i\ (i=1,2,\cdots,n)$ は重みで，$w_i = 2/\bigl(nP_{n-1}(x_i)P'_n(x_i)\bigr)$ で与えられる．ここでは，4 点公式（$n=4$ の場合）を用いるものとすると，x_i と w_i は表 6.1 のように与えられる．

表 6.1　ガウス・ルジャンドル 4 点公式の分点と重み

x_i	w_i
−0.861136311594053	0.347854845137454
−0.339981043584856	0.652145154862546
0.339981043584856	0.652145154862546
0.861136311594053	0.347854845137454

演習 6.4　演習 6.3 で作成した関数を用いて，$y=\sin x$ の $x=0$ から π の部分の曲線の長さの中点となる x の値をニュートン法で計算するプログラムを作成せよ．

演習 6.5　再帰呼び出しを用いて，台形公式で $f(x)=\sin(x)+\cos(x)$ を $x=0$ から $x=\pi$ まで積分するプログラムを作成せよ．

演習 6.6　三角関数 $y=\cos(2\pi x)$ の 1 階微分方程式は $\frac{dy}{dx}=2\pi\sin(2\pi x)$ と表される．この微分方程式を変形すると $dy=2\pi\sin(2\pi x)\,dx$ と表されることから，微小区間 dx を用いて増分 dy を得ることが可能である．$0\le x\le 1$ の範囲において算出される $dy=2\pi\sin(2\pi x)\,dx$ と，三角関数を直接計算して得られる $y_{\mathrm{real}}=2\pi\sin(2\pi x)$ との差分を誤差（`err`）と定義して算出するプログラムを作成せよ．

演習 6.7　ルンゲ・クッタ（Runge-Kutta）法により 2 階の常微分方程式の数値解を計算するプログラムを作成せよ.

次のような $t\ (t_0 < t < t_{\max})$ で定義された常微分方程式と初期条件を考える.

$$\begin{cases} \dfrac{dx}{dt} = f(t, x, y), \quad \dfrac{dy}{dt} = g(t, x, y) \\ x(t_0) = a, \quad y(t_0) = b \end{cases} \tag{6.1}$$

この微分方程式を数値的に解くための 4 次のルンゲ・クッタ法の公式は次のようになる.

$$\begin{aligned}
u_{1n} &= hf(t_n, x_n, y_n), \\
u_{2n} &= hg(t_n, x_n, y_n), \\
v_{1n} &= hf\left(t_n + \frac{h}{2}, x_n + \frac{u_{1n}}{2}, y_n + \frac{u_{2n}}{2}\right), \\
v_{2n} &= hg\left(t_n + \frac{h}{2}, x_n + \frac{u_{1n}}{2}, y_n + \frac{u_{2n}}{2}\right), \\
w_{1n} &= hf\left(t_n + \frac{h}{2}, x_n + \frac{v_{1n}}{2}, y_n + \frac{v_{2n}}{2}\right), \\
w_{2n} &= hg\left(t_n + \frac{h}{2}, x_n + \frac{v_{1n}}{2}, y_n + \frac{v_{2n}}{2}\right), \\
z_{1n} &= hf(t_n + h, x_n + w_{1n}, y_n + w_{2n}), \\
z_{2n} &= hg(t_n + h, x_n + w_{1n}, y_n + w_{2n}), \\
x_{n+1} &= x_n + \frac{u_{1n}}{6} + \frac{v_{1n}}{3} + \frac{w_{1n}}{3} + \frac{z_{1n}}{6}, \\
y_{n+1} &= y_n + \frac{u_{2n}}{6} + \frac{v_{2n}}{3} + \frac{w_{2n}}{3} + \frac{z_{2n}}{6}
\end{aligned}$$

例えばバネにつながれた次の運動方程式をルンゲ・クッタ法で解くことを考える.

$$m\frac{d^2x(t)}{dt^2} + c\frac{dx(t)}{dt} + kx(t) = 0 \tag{6.2}$$

初期条件は次のように与えられているとする.

$$x(0) = a, \quad \frac{dx}{dt}(0) = b \tag{6.3}$$

新たに関数 $y(t) = \dfrac{dx}{dt}(t)$ を定義すると，式 (6.2) と (6.3) を次のように書き直すことができる．

$$\begin{cases} \dfrac{dx}{dt}(t) = y(t), \quad \dfrac{dy}{dt}(t) = -\dfrac{k}{m}x(t) - \dfrac{c}{m}y(t) \\ x(0) = a, \quad y(0) = b \end{cases} \tag{6.4}$$

ここで，$\omega = \sqrt{k/m}$ および $\zeta = c/(2m)$ と書くことにすると，

$$\begin{cases} \dfrac{dx}{dt}(t) = y(t), \quad \dfrac{dy}{dt}(t) = -\omega^2 x(t) - 2\zeta y(t) \\ x(0) = a, \quad y(0) = b \end{cases} \tag{6.5}$$

よって，このとき次のようになっていることが観察される．

$$f(t,x,y) = y(t), \quad g(t,x,y) = -\omega^2 x(t) - 2\zeta y(t) \tag{6.6}$$

この $f(t,x,y)$ と $g(t,x,y)$ の形を用いてルンゲ・クッタ法の公式を用いることができる．

第7章

派生型とポインタ

7-1　新しい型の定義

Fortranでは，整数型，実数型，複素数型，文字型，論理型が組み込みデータ型としてあらかじめ用意されているが，例えばベクトルや分数などの型は用意されていない．しかしながら，組み込みデータ型を組み合わせて新しい型を派生型として定義することが可能である．派生型はさらに，組み込みデータ型と定義済みの派生型を組み合わせて作ることができる．Fortranにおける派生型はC言語の構造体に対応するものである．派生型の定義は次のようにして行う．

```
type ::  派生型名
     型 [, 属性のリスト,...]  ::  メンバ変数名のリスト
     型 [, 属性のリスト,...]  ::  メンバ変数名のリスト
       ⋮
end type
```

メンバ変数には配列を用いることも可能であり，動的割り付け可能な配列とすることも可能である．動的割り付け可能な配列をメンバ変数に持つ派生型の変数を配列として宣言し，派生型の変数の配列の要素ごとに異なるサイズでメンバ変数の配列のサイズを割り付けることも可能となっている．このことはすでに5-10節で述べているので，確認されたい．

派生型を用いた変数の宣言は次のようにして行う．

```
type (派生形名)[, 属性のリスト,...]::派生型変数名のリスト
```

派生型の変数のメンバ変数にアクセスするには記号%を用いて次のようにする．

```
派生型変数名%メンバ変数名
```

このようにしてメンバ変数にアクセスするには，派生型変数のメンバ変数名をあらかじめ知っておく必要がある．例えば Fortran 2008 では，組み込み型である複素数型の変数の実部と虚部にアクセスする方法として，上記の方法が可能となっている．複素数型変数を c とすると，次のようにして実部と虚部へアクセスできる．

```
c = (0.0, 1.0)
print *, c%re
print *, c%im
```

複素数型は組み込み型であるが，派生型においてもそのメンバ変数に直接アクセスするには変数名を知っていなければならないことがわかる．

例題 7-1

平面内の点の座標 x と y をメンバ変数として持つ point 型と 3 つの point 型変数をメンバ変数として持つ triangle 型を派生型として定義して用いるプログラムを作成せよ．

プログラム 7.1 にプログラム例を示す．

プログラム 7.1 の 3〜5 行で派生型である point 型を定義している．また 6〜8 行では，3 つの point 型変数をメンバ変数にもつ派生型 triangle 型を定義している．point 型は 4 行目のように組み込み型である 2 つの実数型変数をメンバ変数にもつように定義されている．また triangle 型は，7 行目のように派生型である 3 つの point 型変数をメンバ変数にもつように定義されている．9 行目では，point 型変数 a, b, c を宣言している．また 10 行目では，triangle 型変数 t を宣言している．11 行目と 12 行目ではそれぞれ派生型変数 a のメンバ変数 x と y に数値を代入している．派生型のメンバ変数に値を代入するには，36〜43 行のように関数を用意しておくのが便利である．このようにすると，point 型変数 b への数値の代入は関数 pointset を用いて 13 行目のように書くことができる．27〜34 行は 2 つの point 型変数の和を計算する関数である．15 行目ではこの関数 pluspoint を用いて point 型変数 a と b の和を point 型変数 c に代入している．また 45〜53 行では 3 つの point 型変数を triangle 型変数のメンバ変数に代入する関数が定義されており，この関数を用いて 16 行目では point 型変数値 a, b, c を triangle 型変数 t に代入している．18〜20 行では，point 型変数のメンバ変数値を個別に参照して出力している．また，21〜23 行のように point 型変数値をそのまま出力すると，そのメンバ変数値が自動的に順番に参照して出力される．したがって 24 行目のように triangle 型変数値を直接出力するような書き方も可能であり，全ての point 型のメンバ変数それぞれがもつ実数値が順番に 6 個出力される．

プログラム **7.1**　point 型の定義と使用例

```
1  program pointtype
2     implicit none
3     type :: point
4        real :: x,y
5     end type
6     type :: triangle
7        type(point) :: p1,p2,p3
8     end type
9     type(point) :: a,b,c
10    type(triangle) :: t
11    a%x = 0.5
12    a%y = 0.1
13    b = pointset(1.0,1.2)
14
15    c = pluspoint(a,b)
16    t = triangleset(a,b,c)
17
18    print '(a,f5.3,a,f5.3,a)','a␣=␣(',a%x,',',a%y,')'
19    print '(a,f5.3,a,f5.3,a)','b␣=␣(',b%x,',',b%y,')'
20    print '(a,f5.3,a,f5.3,a)','c␣=␣(',c%x,',',c%y,')'
21    print '(a,f5.3,1x,f5.3)', 't%p1␣=␣',t%p1
```

```
   print '(a,f5.3,1x,f5.3)', 't%p2␣=␣',t%p2
   print '(a,f5.3,1x,f5.3)', 't%p3␣=␣',t%p3
   print '(a,3(f5.3,1x,f5.3,:2x))', 't␣=␣',t

   contains
   function pluspoint(p1,p2) result(p)
      implicit none
      type(point),intent(in) :: p1,p2
      type(point) :: p
      p%x = p1%x + p2%x
      p%y = p1%y + p2%y
      return
   end function pluspoint

   function pointset(x,y)
      implicit none
      real,intent(in) :: x,y
      type(point) :: pointset
      pointset%x = x
      pointset%y = y
      return
   end function pointset

   function triangleset(p1,p2,p3) result(t)
      implicit none
      type(point),intent(in) :: p1,p2,p3
      type(triangle) :: t
      t%p1 = p1
      t%p2 = p2
      t%p3 = p3
      return
   end function triangleset

end program pointtype
```

7-2　ポインタ

C 言語と同じように，Fortran においても変数のアドレスを参照する仕組みとしてポインタの機能が用意されている．ポインタ変数が参照できるものは，整数型，実数型変数等だけでなく，派生型，さらに関数名やサブルーチン名も含まれる．

ポインタの機能を用いると，ポインタ変数が別のターゲット変数を参照することにより，ポインタ変数の値を変更するとターゲット変数の値が自動的に変更される．これは，ポインタ変数がターゲット変数のアドレスを参照しているため，参照先のアドレスに格納されている内容が変更されるからである．また，ターゲット変数の値を変更すると，ポインタ変数の値が同時に変更されることになる．ポインタ変数にターゲット変数を参照させるための演算子 (=>)，参照を破棄する組み込み関数 (nullify)，ポインタ変数やターゲット変数が参照状態にあるかどうかをチェックする組み込み関数 (associated) が用意されている．

次に示すように，ポインタ変数は型名の後ろに属性 pointer をつけて宣言する．また，ポインタが参照するターゲット変数には宣言時に属性 target をつける．また，ポインタは同じ型の別のポインタを参照することもできる．

```
型名, pointer :: ポインタ変数名のリスト
型名, target :: ターゲットとなる変数名のリスト
```

関数やサブルーチンのアドレスを参照するポインタ変数は，次に示すように，関数の場合は宣言時に属性 external をつけるか，関数・サブルーチンとも手続き宣言文（procedure 文）に属性 pointer をつけて宣言する．

```
型名, external, pointer :: 関数へのポインタ変数名
procedure(関数名), pointer :: ポインタ変数名
procedure(サブルーチン名), pointer :: ポインタ変数名
```

プログラム 7.2 にポインタを使用したプログラム例を示す．4 行目の変数 m は

整数型変数へのポインタであり，5 行目の変数 k はポインタ変数から参照可能な整数型のターゲット変数である．6 行目の実数型配列 t はポインタ変数から参照可能なターゲット変数である．7 行目と 8 行目の実数型変数 p と q はいずれもポインタ配列変数である．ポインタ配列変数のサイズは参照するターゲット配列で決まるので，このようにサイズが未定であることを意味する記号コロン「:」にしておく．ポインタ変数の実体は参照先のターゲット変数となるので，参照先のターゲット配列変数の先頭のアドレスと結合させれば，配列の各要素はそこからの相対位置をカウントするだけでよく，ポインタ配列変数のサイズを決める必要はない．単に配列であることを指定しておけばよいことがわかる．9〜11 行では派生型である fract 型を定義している．これは分数を意味する型であり，メンバは整数型変数の分子 num と分母 den である．12 行目はサイズが 5 の fract 型のターゲット配列変数 f を宣言している．13 行目は整数型のポインタ変数の配列 nm と dn を宣言し，14 行目は fract 型のポインタ変数の配列 fp を宣言している．このように，関数 null() を参照することにより，どの関数も参照していない状態に初期化することができる．15 行目では，外部関数への整数型ポインタ変数 fn の宣言をしている．これは 16 行目の注釈のように手続き func へのポインタとして fn を宣言してもよい．17 行目ではサブルーチン sub へのポインタ gn を宣言して，参照を null() により初期化している．19 行目ではポインタ変数 m にターゲット変数 k を参照させている．k=999 と初期化されているので，21 行目のように m を出力するとその内容は参照先 k の値 999 となる．23 行目では実数型のポインタ配列変数 p に実数型のターゲット配列変数 t を参照させている．24 行目では，配列 t に値を代入している．これにより，26 行目で p の内容を出力すると，参照先の t の内容が出力される．28 行目では，ポインタ変数 q にポインタ変数 p を参照させている．よって 29 行目で q(2) を出力すると p(2) の値，すなわちターゲット変数 t(2) の値が出力される．31 行目と 32 行目では整数型のポインタ配列変数 nm と dn にそれぞれ fract 型のターゲット配列変数 f のメンバ num と den を参照させている．また，33 行目では，fract 型のポインタ配列変数 fp に fract 型のターゲット配列変数 f を参照させている．34〜37 行ではポインタ変数 nm と dn に整数を代入している．これにより，nm と dn が参照する f%num と f%den に値が代入されることになる．43 行目では関数 func へのポインタ fn に引数として 3 を渡して計算した結果を表示している．fn は関数 func を参照しているので，func(3) が計算されることになる．44 行目では，ポインタ fn がターゲット関数を参照しているかどうかを関数 associated で調べている．結果は真（.true.）または偽（.false.）で返される．46 行目では，fn のターゲット関数への参照を関数 nullify を用いて破棄している．これは，この行の注釈のように fn => null() としても行うことができる．48 行目では，サブルーチンへのポインタ gn にサブルーチン sub を参照させている．したがって，50 行目のようにポインタ gn を呼ぶとサブルーチン sub が呼ばれたことになる．

プログラム 7.2　ポインタを使用したプログラム例

```
1  program pointertest
2     implicit none
3     integer :: i
4     integer,pointer :: m
5     integer,target  :: k = 999
6     real,target  :: t(3)
7     real,pointer :: p(:)
8     real,pointer :: q(:)
9     type :: fract
10       integer :: num, den
11    end type
12    type(fract),target :: f(5)
13    integer,pointer :: nm(:),dn(:)
14    type(fract),pointer :: fp(:) => null()
15    integer,external,pointer :: fn
16    ! procedure(func),pointer :: fn => null()
17    procedure(sub),pointer :: gn => null()
18
19    m => k
20    print '(a,i0)', 'target␣␣k=',k
21    print '(a,i0)', 'pointer␣m=',m
22
```

```
p => t
t = [3.0,2.0,1.0]
print '(a,3(2x,f3.1))','target␣␣=',t
print '(a,3(2x,f3.1))','pointer␣=',p

q => p
print '(a,1x,f3.1)','pointer␣q(2)␣=',q(2)

nm => f%num
dn => f%den
fp => f
do i=1,5
   nm(i) = i
   dn(i) = i+10
end do
print '(a)','pointer␣to␣type␣fraction:'
print '(i3,2x,i3)',f
print '(i3,2x,i3)',fp

fn => func
print '(a,i0)','pointer␣to␣function␣fn(3)=',fn(3)
print '(a,l1)','fn␣is␣associated?␣',associated(fn)

nullify(fn)   ! または fn => null()
print '(a,l1)','fn␣is␣associated?␣',associated(fn)
gn => sub
print '(a,l1)','gn␣is␣associated?␣',associated(gn)
call gn(10,20,i)
print '(a,i0)','10+20=',i
nullify(gn)
print '(a,l1)','gn␣is␣associated?␣',associated(gn)

contains
function func(n)
   integer,intent(in) :: n
   integer,target :: func
```

```
        func = n + 1
        return
    end function func

    subroutine sub(i,j,k)
        implicit none
        integer,intent(in) :: i,j
        integer,intent(out):: k
        k = i + j
        return
    end subroutine
end program pointertest
```

プログラム 7.2 をターミナルから実行した際の結果を出力 7.1 に示す.

出力 **7.1**　プログラム 7.2 の実行結果

```
user@PC pointer % gfortran pointertest.f90 -o a
user@PC pointer % ./a
target  k=999
pointer m=999
target  =  3.0  2.0  1.0
pointer =  3.0  2.0  1.0
pointer q(2) = 2.0
pointer to type fraction:
  1   11
  2   12
  3   13
  4   14
  5   15
  1   11
  2   12
  3   13
  4   14
  5   15
pointer to function fn(3)=4
```

```
fn is associated? T
fn is associated? F
gn is associated? T
10+20=30
gn is associated? F
```

演習 7.1　3 次元空間内のベクトルを表す派生型を定義し，ベクトルをセットする関数，およびベクトル型変数を引数としそのベクトルの大きさを計算して返す関数を作成せよ．

演習 7.2　演習 7.1 で定義したベクトル型を用いて，2 つのベクトルの和と差，および内積と外積を計算する関数を作成せよ．

演習 7.3　可変長に動的割り付け可能な文字型変数 `name`, `address`, `tel`, `email` をメンバ変数とする派生型を定義して，キーボードから氏名，住所，電話番号，電子メールアドレスを入力して表示するプログラムを作成せよ．また，その際，表示するメンバ変数の文字長も合わせて表示するようにせよ．（動的割り付け可能な文字型変数は代入によって自動割り付けされるが，`read` 文で読み込んでも自動割り付けされないことに注意．）

第8章

モジュール

8-1　モジュールとは

多くの定数や変数の宣言が必要なときや，複数のプログラムで共通する変数や定数，型の宣言やインターフェース等がある時は，その定義を別のファイルで行い，それらを使用するプログラムではその宣言を読み込むようにするモジュール（module）という仕組みが，Fortran では用意されている．これは C 言語のヘッダファイルのようなものであるが，Fortran のモジュールはあらかじめコンパイルされたものを読み込むようになっている．したがって，複数のプログラムのソースファイルを別々にコンパイルして，それらをリンク（結合）してプログラムを作るような場合は，あるファイルで読み込むモジュールはそのファイルのコンパイルよりも先にコンパイルするようにコンパイルの順番を決めておく必要がある．

モジュールは次のような構文で定義する．

```
module モジュール名
    [use 読み込む別のモジュール名]
    [定数や変数の宣言部]
    [関数やサブルーチンのインターフェース]
    [contains
    [関数やサブルーチンの定義]]
end module モジュール名
```

モジュールの例として，次のプログラム 8.1 のような変数や定数，関数をまとめたものが挙げられる．このモジュールで定義された変数をメインプログラム，サブルーチン，関数で使うには，program 文，subroutine 文，function 文に続けて

```
use モジュール名
```

を記述する．また，モジュールで定義されている要素の一部を使用する場合には，

```
use モジュール名, only:使用する要素名のリスト
```

のように書けばよい．プログラム 8.1 のモジュールはまず，整数型変数 i, j, k と倍精度実数型の変数 a, b, 倍精度実数型の定数 pi を宣言している．pi の宣言のところで public 属性をつけているのは，pi がモジュールの外から参照できる公開された定数であることを意味する．実際には，public としなくても標準ではすべて公開要素となっている．8〜25 行では，2 点 (x1, y1) と (x2, y2) の間の距離を計算する関数 dist と 2 点 (x1, y1) と (x2, y2) の間の距離の 2 乗を計算する関数 distsquare を定義している．また，関数 dist の定義の中では distsquare を呼び出してその平方根を取ることで距離を計算している．5 行目に private :: distsquare とあるのは，モジュールの中の関数 distsquare はモジュール内に隠されてモジュール外から参照できないということを意味する．モジュールの先頭に

```
private
```

とだけ記述すると，すべての要素が隠されていることを宣言することになる．個別の要素について一部公開したい場合は，4 行目のようにその宣言文中に public をつければその要素をモジュール外から参照できる．

プログラム 8.1　モジュールを用いたプログラム例

```
1 module modexample
2    integer :: i,j,k
3    real(8) :: a,b
4    real(8),parameter,public :: pi=3.14159265358979d0
5    private :: distsquare
```

```

   contains
   function dist(x1,y1,x2,y2)
      implicit none
      real(kind=8),intent(in)::x1,y1,x2,y2
      real(kind=8)::dist
      dist = sqrt(distsquare(x1,y1,x2,y2))
      return
   end function dist

   function distsquare(x1,y1,x2,y2)
      implicit none
      real(kind=8),intent(in)::x1,y1,x2,y2
      real(kind=8)::distsquare
      real(kind=8)::dx,dy
      dx = x2-x1
      dy = y2-y1
      distsquare = dx*dx+dy*dy
      return
   end function distsquare
end module modexample

program test
   use modexample, only:dist
   implicit none
   real(kind=8)::x1,y1,x2,y2
   x1 = 0.0d0
   y1 = 0.0d0
   x2 = 1.0d0
   y2 = 1.0d0
   print *,dist(x1,y1,x2,y2)
end program test
```

8-2　モジュールを用いたプログラムのコンパイル・リンク

モジュールを用いたもう一つの簡単な例を，プログラム 8.2 に示す．1～5 行は定数 pi と実数 radius, theta を変数として宣言している．program modtest は，半径 radius と角度 theta から x 座標と y 座標を計算するプログラムであり，定数 pi と変数 radius, theta を使用するために 8 行目でこのモジュール mod_vars を読み込んでいる．

プログラム **8.2**　モジュールを用いたプログラム例

```
1  module mod_vars
2     implicit none
3     real, parameter :: pi=3.141592
4     real :: radius,theta
5  end module mod_vars
6
7  program modtest
8     use mod_vars
9     implicit none
10    real :: x,y
11    radius = 1.0
12    theta  = pi/3.0
13    x = radius * cos(theta)
14    y = radius * sin(theta)
15    print '(a,e15.8,2x,a,e15.8)', 'x␣=', x, 'y␣=', y
16 end program modtest
```

例えばこのプログラムを modtest.f90 というファイルに保存して，gfortran -o a.exe modtest.f90 と入力してコンパイルすると，mod_vars.mod と a.exe という 2 つのファイルが新たに生成される．mod_vars.mod はこのプログラムの 1～5 行で定義されているモジュールをコンパイルして生成されたものである．同じファイル内にモジュールを定義する場合は，それを読み込んでいる他のプログラムよりも前にそのモジュールのソースを記述しなければならない．また，

program 文の下の 8 行目でこのモジュールを use コマンドにより読み込んでいる．use コマンドはこのように全ての宣言文より前に記述しなければならない．また，この部分には使用する複数のモジュールを読み込むことも可能である．

通常，モジュールは別々のファイルに保存してそれぞれコンパイルする．いま，モジュールの部分を mod_vars.f90 に保存し，program 文以下の部分だけを modtest.f90 に保存した場合を考える．gfortran でコンパイル・リンクするときは太字で表した次の 3 つのコマンドを順次実行する必要がある．

```
user@PC modtest % gfortran -c mod_vars.f90
user@PC modtest % gfortran -c modtest.f90
user@PC modtest % gfortran -o a.exe mod_vars.o modtest.o
```

例題 8-1

プログラム 8.2 では，program 文の中で半径と角度から x 座標と y 座標を直接計算していた．この部分の計算に対応するサブルーチンを作成してモジュールに追加せよ．

プログラム 8.3 とプログラム 8.4 にそれぞれ例題 8-1 のモジュールと，そのモジュールを用いたプログラムの例を示す．

プログラム 8.3　例題 8-1 のモジュール例

```
module mod_vars
   implicit none
   real, parameter :: pi=3.141592
   real :: radius,theta

   contains
   subroutine coord(x,y)
      implicit none
      real,intent(out) :: x, y
      x = radius * cos(theta)
      y = radius * sin(theta)
```

```
      return
   end subroutine coord
end module mod_vars
```

プログラム **8.4**　例題 8-1 のモジュールを読み込むプログラム例

```
program modtest
   use mod_vars
   implicit none
   real :: x,y
   radius = 1.0
   theta  = pi/3.0
   call coord(x,y)
   print '(a,e15.8,2x,a,e15.8)', 'x␣=', x, 'y␣=', y
end program modtest
```

例題 8-1 では，2 つのファイルにモジュールのソースとメインプログラムのソースを別々に保存し，それぞれ別々にコンパイルしてそれらをリンクする手順による 3 つのステップで，実行プログラムを作成している．このようなときは，プログラムの作成過程で何度も同じコマンドを入力するのは面倒であり，通常は，実行プログラムとオブジェクトコードの依存関係，オブジェクトコードとソースコードの依存関係を記述したテキストファイルである Makefile を作成し，その内容をターミナルないしコマンドプロンプトから make コマンドで実行するような方法が取られる．例題 8-1 に対しては，gfortran でコンパイル・リンクする場合の最も単純な Makefile の内容はプログラム 8.5 のようになる．

プログラム **8.5**　Makefile の例

```
# Simplest Makefile

a.exe : mod_vars.o modtest.o
   gfortran -o a.exe mod_vars.o modtest.o

mod_vars.o : mod_vars.f90
   gfortran -c mod_vars.f90
```

```
8
9 modtest.o : modtest.f90
10     gfortran -c modtest.f90
```

ここで，Makefileの1行目は#で始まっており，注釈行となっている．3行目は，a.exeはmod_vars.oとmodtest.oに依存していることを表している．その下の4行目には，a.exeをmod_vars.oとmodtest.oから作成する方法が記述されている．この行は必ずタブ文字を挿入してインデント（字下げ）しなければならない．空白文字ではエラーとなることに注意しよう．ここでは，gfortranコマンドで，mod_vars.oとmodtest.oをリンクしてa.exeを作るコマンドが記述されている．

ここでmod_vars.oやmodtest.oは，そのもととなるソースファイルが修正されると再度コンパイルしなければならない．したがって，Makefileの6行目はmod_vars.oとmod_vars.f90の依存関係が記述され，その下の7行目にmod_vars.f90からmod_vars.oをgfortranコマンドにより作成する方法が記述されている．同様に，modtest.oとmodtest.f90の間の依存関係およびmodtest.oをmodtest.f90から作成する方法が，それぞれ9行目と10行目に記述されている．

上記の場合について，実際にMakefileを用いる方法を説明する．まず拡張子なしでMakefileをソースコードと同じディレクトリ（フォルダ）に保存し，ターミナル（コマンドプロンプト）でMakefileのあるディレクトリに移動する．次にmakeコマンドを実行すると，Makefileの記述に従って実行プログラムが作成される．以下に，このMakefileに対してmakeコマンドを実行したときのターミナルの出力を示す．

```
user@PC modtest2 % ls
Makefile         mod_vars.f90     modtest.f90
user@PC modtest2 % make
gfortran -c mod_vars.f90
gfortran -c modtest.f90
gfortran -o a.exe mod_vars.o modtest.o
```

```
user@PC modtest2 % ls
Makefile          mod_vars.f90      mod_vars.mod
    modtest.o
a.exe             mod_vars.o        modtest.f90
```

このように Makefile を用いると，それぞれのファイルの依存関係を解析して，必要なコンパイルやリンクコマンドが自動的に実行されて，実行ファイルが更新されるので便利である．さらなる説明は付録 B を参照されたい．

例題 8-2

分数型同士の変数の和，差，積，商，および分数の約分を行う関数，さらに和，差，積，商を二項演算子 +，-, *, / で行うことができるようにインターフェースを定義したモジュールと，モジュールを実際に使用するプログラムを作成せよ．

この例題 8-2 ではまず，2 個の整数をメンバ変数に持つ分数の派生型を定義する．また，2 個の分数型変数を引数として入力し，分数型の値を返す和，差，積，商を計算する関数と，分数を約分する関数，さらに分数型の変数の値を分子/分母の形の文字列表現として返す関数をモジュール内に定義する．さらに，例えば 2 つの分数 a, b に対して和，差，積，商を二項演算子を用いて a+b, a-b, a*b, a/b のように表現できるようにするインターフェースも定義する．プログラム 8.6 および 8.7 にモジュールとそれを使用するプログラム例を示す．

プログラム 8.6 の 3～5 行は整数型のメンバ変数で分子 num と分母 den をもつ分数を表す分数型（ここでは fract 型）を定義している．6～17 行は，モジュール内で定義されている手続き addfrac, subfrac, mulfrac, divfrac に対して二項演算子「+, -, *, /」を割り当てることを定義したインターフェースとなっている．ここで，addfrac, subfrac, mulfrac, divfrac はそれぞれ 2 つの分数型の引数に対してそれらの和，差，積，商を返す関数であり，このモジュール内の contains の下に定義されている．このように，interface operator 文を用いて，関数の呼び出しを二項演算子を用いた式として書けるようにする方法が用意されている．記号「+, -, *, /」以外の二項演算子が必要なときは，二項演算子として用いたいワードをドット「.」で囲んで作ることができる．例えば派生型としてベクトル型を定義し，2つのベクトル型変数の内積を計算する関数を定義したとき，interface operator(.dot.) により2つのベクトルの内積の二項演算子を.dot. と定義できる．これにより v と w がベクトル型変数とすると，内積を v.dot.w により計算できるようになる．

contains の下に最初に定義されている関数 frac は，2個の整数を引数として受け取り，それらを分子と分母とする分数型の値として返す関数である．記号%を使って分数型変数の分子と分母を直接操作することもできるが，このように分数をセットする関数を用いると，分数のセットを分数型のメンバ変数の名前を用いないで簡単に行うことができる．

関数 addfrac と subfrac は，それぞれ2つの分数型の引数から，通分してその和と差を計算し，分数型の値として返す関数となっている．

関数 mulfrac と divfrac は，それぞれ2つの分数型の引数からその積と商を計算し，分数型の値として返す関数となっている．

関数 reduce は分数型の引数を約分して分数型の値として返す関数である．分子と分母の大小により2つの場合に分けて，剰余関数 mod を使って分母または分子が相手の数で割り切れるかどうかを判定して約分をしている．

最後に，関数 prfrac は分数型の引数に対して，「分子/分母」の形の文字列を返す関数である．例えば分数型の変数 a において a%num = 2, a%den = 3 であるとき prfrac(a) は文字列'2/3' を返す．関数内で prfrac を文字長が動的に割り付け可能な文字型変数として定義し，分数型の引数 p の分子と分母をそれぞれ文字型変数 chrnum と chrden に write 文で書き出す．さらに，それぞれの末尾の空白を trim 関数で除去して記号「/」を間に挟んで結合したものを変数 prfrac に代入している．この代入により，動的割り付け可能な変数 prfrac は，対応する文字長に自動的に割り付けられる．

プログラム 8.6　分数型とそれを用いた関数と二項演算子を定義するモジュール例

```
module mod_fraction
  implicit none
  type :: fract
```

```
      integer :: num, den
   end type
   interface operator(+)
      module procedure addfrac
   end interface
   interface operator(-)
      module procedure subfrac
   end interface
   interface operator(*)
      module procedure mulfrac
   end interface
   interface operator(/)
      module procedure divfrac
   end interface

   contains

! Constructing a fraction
   function frac(n, d) result(p)
      implicit none
      integer, intent(in) :: n, d
      type(fract) :: p
      p%num  =  n
      p%den  =  d
      return
   end function frac

   function addfrac(p1, p2) result(p)
      implicit none
      type(fract), intent(in) :: p1, p2
      type(fract) :: p
     ! p%num  =  p1%num  * p2%den + p2%num * p1%den
     ! p%den  =  p1%den*p2%den
      p  =  frac(p1%num * p2%den + p2%num * p1%den, &
      & p1%den * p2%den)
      return
```

```
end function addfrac

function subfrac(p1, p2) result(p)
   implicit none
   type(fract), intent(in) :: p1, p2
   type(fract) :: p
 ! p%num  =  p1%num  * p2%den - p2%num * p1%den
 ! p%den  =  p1%den*p2%den
   p  =  frac(p1%num * p2%den - p2%num * p1%den, &
   & p1%den * p2%den)
   return
end function subfrac

function mulfrac(p1, p2) result(p)
   implicit none
   type(fract), intent(in) :: p1, p2
   type(fract) :: p
 ! p%num  =  p1%num  * p2%den - p2%num * p1%den
 ! p%den  =  p1%den*p2%den
   p  =  frac(p1%num * p2%num, p1%den * p2%den)
   return
end function mulfrac


function divfrac(p1, p2) result(p)
   implicit none
   type(fract), intent(in) :: p1, p2
   type(fract) :: p
 ! p%num  =  p1%num  * p2%den - p2%num * p1%den
 ! p%den  =  p1%den*p2%den
   p  =  frac(p1%num * p2%den, p1%den * p2%num)
   return
end function divfrac

function reduce(p1) result(p)
   implicit none
```

```
    type(fract), intent(in) :: p1
    type(fract) :: p
    integer :: i,n,d,mdi,mni

    n = p1%num
    d = p1%den

    if (n > d) then
       do i=d,1,-1
          if (mod(n,i)==0 .and. mod(d,i)==0) then
             n = n/i
             d = d/i
          end if
       end do
    else if(n < d) then
       do i=n,1,-1
          if (mod(n,i)==0 .and. mod(d,i)==0) then
             n = n/i
             d = d/i
          end if
       end do
    else
       n = 1
       d = 1
    end if
    p = frac(n,d)

    return
 end function reduce

 function prfrac(p)
    implicit none
    type(fract), intent(in) :: p
    character(:),allocatable:: prfrac
    character(32)::chrnum,chrden
    write(chrnum,'(i0)') p%num
```

```
      write(chrden,'(i0)') p%den
      ! allocate( &
      ! & character(len(chrnum)+len(chrden)+1)::&
      ! & prfrac )
      prfrac = trim(chrnum) // '/' // trim(chrden)
      return
   end function prfrac

end module mod_fraction
```

分数型を定義したモジュールを使用するプログラム 8.7 では，分数型の変数として a, b, c を 4 行目で定義し，6 行目と 7 行目で a, b をそれぞれ 5/7 と 3/4 にセットしている．8 行目では a+b を計算して c に代入しているが，記号「+」は関数 addfrac へのインターフェースとしてモジュール内で定義されているので，a+b と書くことにより addfrac(a,b) が実行される．11〜18 行はいくつかの分数を約分して prfrac 関数で記号「/」を用いた文字列に変換し，その文字列を print 文で出力している．

プログラム **8.7**　分数型モジュールを使用するプログラム例

```
1  program fracttest
2     use mod_fraction
3     implicit none
4     type(fract) :: a, b, c
5
6     a = frac(5,7)
7     b = frac(3,4)
8     c = a + b
9     print *, c
10    print *,'4/8␣=␣',prfrac(reduce(frac(4,8)))
11    print *,'8/4␣=␣',prfrac(reduce(frac(8,4)))
12    print *,'6/9␣=␣',prfrac(reduce(frac(6,9)))
13    print *,'9/6␣=␣',prfrac(reduce(frac(9,6)))
14    print *,'8/8␣=␣',prfrac(reduce(frac(8,8)))
15    print *,'6/15␣=␣',prfrac(reduce(frac(6,15)))
```

```
    print '(a,3x,a)', prfrac(frac(32234,53342424)),&
    & prfrac(frac(1,2))

end program fracttest
```

8-3　モジュールやサブルーチンを別々のファイルで定義した例

これまでの例では関数やサブルーチンをモジュール内に定義していたが，それらを別々のファイルで定義し，他の定数や変数とともにそれら関数やサブルーチンのインターフェースを含んだモジュールを作って使う方法は，簡潔なプログラムを作成するうえで有効である．例として次のプログラム 8.8 に，連立一次方程式を解くサブルーチン gausselimination へのインターフェースを含んだモジュール interfacelist を示す．また，サブルーチン gausselimination のソース例をプログラム 8.9 に，モジュール interfacelist を使用して連立一次方程式を解くプログラム例をプログラム 8.10 に示す．プログラム 8.8 のモジュール interfacelist には，連立一次方程式の係数行列，未知数ベクトル，右辺のベクトルの宣言およびサブルーチン gausselimination のインターフェースが含まれているので，プログラム 8.10 では 2 行目のように use interfacelist とするだけでよくなる．

プログラム 8.8　サブルーチンへのインターフェースを含むモジュール例

```
module interfacelist
   implicit none
   real(kind=8),allocatable,public::a(:,:),b(:),x(:)
   interface
      subroutine gausselimination(a,b,n,x)
         implicit none
         integer,intent(in):: n
         real(kind=8),intent(inout)::a(:,:),b(:),x(:)

```

```
      end subroutine gausselimination
   end interface
end module interfacelist
```

プログラム 8.9　ガウスの消去法で連立一次方程式を解くサブルーチン例

```
subroutine gausselimination(a,b,n,x)
   implicit none
   integer,intent(in):: n
   real(kind=8),intent(inout) :: a(:,:), b(:), x(:)
   real(kind=8) :: amax,amaxj,mik,w
   integer,allocatable :: swap(:)

   integer :: i,j,k
   integer :: pk,jk

   allocate(swap(n))

   x = 0.0d0

   ! Forward elemination
   do k=1,n
      swap(k)  =  k
   end do

   do k=1,n-1

      ! Partial pivoting
      pk     =  swap(k)
      amax   =  a(pk,k)
      do j=k,n
         amaxj = a(swap(j),k)
         if(abs(amaxj) > abs(amax)) then
            pk   = swap(j)
            amax = amaxj
          end if
```

```
      end do
      if (pk /= k) then
         jk = swap(k)
         swap(k)  = pk
         swap(pk) = jk
      end if

      w = 1.0d0/amax
      do i=k+1,n
         mik  =  a(swap(i),k) * w
         a(swap(i),k+1:n) = a(swap(i),k+1:n) &
           - mik * a(swap(k),k+1:n)
         b(swap(i)) = b(swap(i)) &
           - mik * b(swap(k))
      end do
   end do

   ! Backward substitution
   do i=n,1,-1
      do j=i+1,n
         x(i)  =  x(i) + a(swap(i),j) * x (j)
      end do
      x(i)  =  (b(swap(i)) - x(i)) / a(swap(i),i)
   end do

end subroutine gausselimination
```

プログラム 8.10　プログラム 8.8 のモジュールを使用して連立一次方程式を解く例

```
program elimtest
    use interfacelist
    implicit none
    integer :: n=4

    allocate(a(n,n),b(n),x(n))

```

```
    a(1,1:4) = (/0.02d0, 0.01d0,   0.0d0,   0.0d0/)
    a(2,1:4) = (/1.00d0, 2.00d0,   1.0d0,   0.0d0/)
    a(3,1:4) = (/0.00d0, 1.00d0,   2.0d0,   1.0d0/)
    a(4,1:4) = (/0.00d0, 0.00d0, 100.0d0, 200.0d0/)
    b(1:4)   = (/0.02d0, 1.00d0,   4.0d0, 800.0d0/)

    ! 解：x1 = 1, x2 = 0, x3 = 0, x4 = 4


    call gausselimination(a,b,n,x)

    print '(f15.10)', x

end program elimtest
```

演習 8.1　プログラム 8.6 では，和，差，積，商を計算する関数は全て分数型同士で計算するように定義されている．このモジュールにさらに整数と分数の間で和，差，積，商を計算する関数を追加せよ．「整数+分数」と「分数+整数」は別の関数として定義する必要があるが，インターフェースではまとめて二項演算子「+」を使うように定義できることに注意する．

演習 8.2　平面上のベクトル型の定義，および 2 つのベクトル間の和，差，内積，ベクトルのスカラー倍，さらにベクトルの大きさ，回転を計算する関数を定義するモジュールを作成せよ．和，差，スカラー倍，内積を計算する二項演算子には，それぞれ「+, -, *, `.dot.`」を用いることができるように演算子のインターフェースを定義すること．

第9章

Coarray（共配列）による並列計算

9-1　Coarrayとは

Fortranでは，coarray（共配列）と呼ばれるOpenMPやMPIのような並列計算の機能が言語仕様の中に含まれている．Fortranによる並列計算では，同じ一つのプログラムが同時に複数実行されるようになっており，実行中のそれぞれのプログラムをイメージ（image）と呼ぶ．各イメージ間でデータの相互参照はcoarray変数を通じて行う．Coarray変数はスカラーでも配列でもよい．また，coarray変数から情報を抽出したりcoarray変数に値を代入する組み込み関数も用意されている．Coarrayを用いたプログラムの実行の様子を図9.1に示す．同一のプログラムが複数のイメージとして同時に実行されるが，プログラムがイメージ番号に依存した処理をするようにプログラムされていると，それぞれのイメージでの実行結果は異なるものになりうる．また，それぞれのイメージの処理に要する時間は同一ではないので，プログラムの途中で実行の同期を取る必要があるときは`sync`文を用いる．変数`c`はcoarray変数であり，異なるイメージ間での相互参照や値の設定は`c`を通じて行う．それぞれのイメージでのcoarray変数は，図9.1のようにイメージインデックス（イメージの番号を表す正の整数）をカギ括弧で囲んだもので表現する．例えば，イメージインデックスが`3`のcoarray変数`c`は`c[3]`のように表す．

Coarrayを用いたプログラムをコンパイルするには，コンパイラに依存したコンパイルオプションをつける必要がある．`gfortran`の場合は，OpenCoarraysという並列計算の前処理ライブラリをインストールすると，`caf`と呼ばれる簡単なコマンドでコンパイルすることができる．例えば，coarrayを用いたプログラム

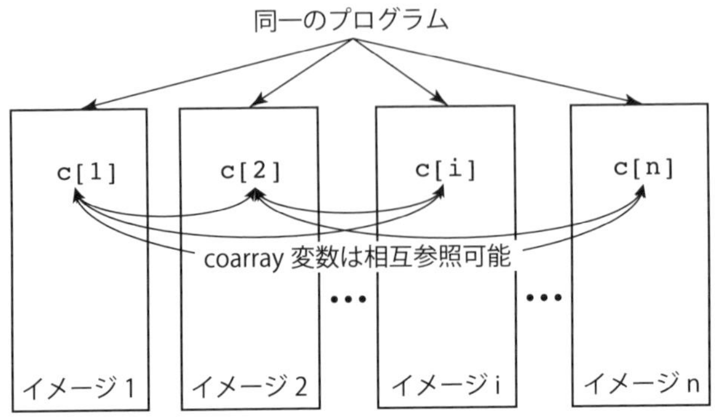

図 **9.1**　Coarray を用いたプログラムの実行

が coarraypro.f90 であるとし，ターミナルから次のように入力すると，coarray を使用できる実行プログラム cpro が作成される．

```
caf coarraypro.f90 -o cpro
```

さらに，プログラム cpro を，例えばイメージ数を 8 として実行する場合は次のように cafrun コマンドを使用する．

```
cafrun -n 8 cpro
```

Coarray を用いた簡単なプログラムの例として，各イメージからイメージインデックスと「Hello, world!」を表示するプログラムをプログラム 9.1 に示す．このプログラムをイメージ数を 3 として実行したときの結果を出力 9.1 に示す．プログラム 9.1 の 4 行目の変数 c は文字長が 3 文字の文字型変数であり，[*] により，c は coarray であることが示されている．これにより，変数 c はイメージ間で相互に参照したり，別のイメージから値を操作することが可能になる．一方，長さ 13 の文字型変数 msg は，全てのイメージで異なる値を設定することができるが，イメージ間の相互参照や操作をすることはできない．

このプログラムの 8 行目の num_images() は，実行時に割り当てられたイメージ数を返す組み込み関数，this_image() は実行しているイメージインデックスを返す組み込み関数である．このプログラムで実行するイメージ数は 3 以下を前提としているので，10〜16 行で実行時のイメージ数のチェックを行っている．

このプログラム例では，`msg` には全てのイメージで「`Hello, world!`」という同一の文字列を設定している．一方，coarray 変数 `c` はイメージ間で相互参照や値の設定が可能となっている．20〜22 行ではイメージごとに配列 `name` に格納されている異なる文字列を代入している．すなわちイメージ 1〜3 で `c` の値はそれぞれ `Tom`, `Jan`, `Amy` となる．また 23 行目では，全てのイメージ間で同期をとっている．25, 26 行目で，全てのイメージで出力が行われる．Coarray 変数 `c` はイメージごとに異なる名前が代入されているので，出力 9.1 のように実行されることがわかる．

プログラム 9.1　Coarray を用いた簡単なプログラム例

```
1  program hello_coarray
2     implicit none
3     integer i, this_i, num_i
4     character(len=3) :: c[*]
5     character(len=3)  :: name(3)=['Tom','Jan','Amy']
6     character(len=13) :: msg
7
8     num_i  = num_images()
9     this_i = this_image()
10    if (num_i > 3) then
11       if (this_i == 1) then
12          print '(a)', 'Num.␣images␣should␣be␣<␣4.'
13          print '(a)', 'Execution␣terminated.'
14          stop
15       end if
16    end if
17
18    msg = 'Hello,␣world!'
19
20    do i=1,num_i
21       c[i]=name(i)
22    end do
23    sync all
24
```

```
    print '(a,a,2x,a,2x,a,i0,a,i0,a)', c,':',msg, &
    'From␣image␣',this_i,'␣of␣', num_i,'␣images'

end program hello_coarray
```

出力 **9.1**　プログラム 9.1 の実行結果

```
user@PC hello % cafrun -n 3 a
Tom:  Hello, world!  From image 1 of 3 images
Jan:  Hello, world!  From image 2 of 3 images
Amy:  Hello, world!  From image 3 of 3 images
```

次にプログラム 9.2 に，coarray を用いてイメージごとに計算して最後にその結果を統合するプログラムの例を示す．Coarray 変数 num には 10〜12 行でイメージごとにイメージインデックスの 2 乗が格納される．15〜22 行ではそれぞれのイメージで変数 num に格納された値が表示される．25〜34 行で，イメージインデックスが 2 以上の num に格納された値を全てイメージインデックスが 1 の num に統合し，統合された結果を他のイメージにブロードキャスト（再配置）している．このブロードキャストは後述する組み込みサブルーチン co_broadcast を使っても可能である．最後に 37〜39 行で，実行中のイメージインデックスが 1 のときに，総和を画面に出力している．もし，イメージインデックスにかかわらず print 文を書くと，イメージの総数だけの出力がなされることになる．

プログラム 9.2 で，イメージ数を 5 として実行した結果を出力 9.2 に示す．

プログラム **9.2**　イメージごとに計算して最後に結果を統合するプログラム例

```
1  program image_distribution
2     implicit none
3     integer :: num[*]
4     integer :: i,i_img
5
6     num = 0
7     sync all
```

```
  ! イメージごとにイメージ番号の2乗をnumに格納
  do i=1, num_images()
     num[i] = i*i
  end do
  sync all     !ここまででイメージの同期

  do i=1, num_images()
     i_img = this_image()
     if (i == i_img)  then
        print '(a,i0,3x,a,i0)','Image␣num:␣', &
        i_img,'Num␣val␣␣:␣',num[i]
     end if
     sync images(i)
  end do
  sync all

  if (this_image()==1) then
     !すべてのイメージの結果を統合
     do i=2,num_images()
        num = num + num[i]
     end do
     !統合されたイメージを他のイメージにブロードキャスト
     do i=2,num_images()
        num[i] = num
     end do
  end if
  sync all

  if (this_image()==1) then
     print '(a,i0)',  'Summation:␣',num[1]
  end if

end program image_distribution
```

出力 **9.2**　プログラム 9.2 の実行結果

```
user@PC imagedistribution % cafrun -n 5 a
Image num: 1   Num val   : 1
Image num: 2   Num val   : 4
Image num: 3   Num val   : 9
Image num: 4   Num val   : 16
Image num: 5   Num val   : 25
Summation: 55
```

9-2　Coarray を用いた計算の実例

本節では，coarray を用いた並列計算を，級数や面積を計算する際の和の計算の並列化，coarray 配列変数データのファイル入出力，coarray 変数の動的割り付けに関した例題を用いて説明する．

例題 9-1

式 (9.1) のような π の無限級数の表現により，π の値を計算する coarray を用いたプログラムを作成せよ．

$$\frac{\pi}{4} = 1 - \frac{1}{3} + \frac{1}{5} - \frac{1}{7} + \cdots = \sum_{i=0}^{\infty} \frac{(-1)^i}{2i+1} \tag{9.1}$$

例題 9-1 では，無限級数を最大項数で打ち切って計算するので，イメージごとに項の範囲を分けて設定し，最後にそれらを統合して和を取るようにするのがポイントである．最後に，求めた和を 4 倍すれば π の近似値が得られる．プログラム 9.3 に，プログラム例を示す．

プログラムでは計算に要した経過時間を計測するために変数を用意している．時間の計測はプロセッサに依存したカウント数という整数で行い，整数型変数 `s_time`, `e_time`, `count_sec`, `count_max` はそれぞれ開始時刻のカウント数，終了時刻のカウント数，1 秒あたりのカウント数，最大カウント数（これを超えたらカウント数がリセットされる最大値）である．(e_time-s_time)/count_sec により，計測した時刻間の経過時間の秒数が求まる．時刻を計測するにはシステム組み込みサブルーチン system_clock を用いる．

整数型変数 n は級数の全計算項数，整数型変数 n_div はイメージごとの級数の計算項数であり，n_div=n/num_images() となる．また，動的割り付け可能な配列 i_begin(:), i_end(:) には，各イメージで和を計算する開始項と終了項の番号を格納する．21～30 行でそれらを計算している．32～35 行では，coarray 変数 res にそれぞれのイメージごとに異なる項の総和が格納される．36 行目で全てのイメージでの res の計算の同期をとっている．38～48 行では，イメージインデックスが 1 のときに，他のイメージの res の値をイメージ 1 の res に足し合わせ，それを他のイメージの res にブロードキャストして，全てのイメージの res に級数の第 0 項から第 n 項までの和を格納する．50 行目で，res を 4 倍して π の近似値を求めている．出力 9.3 に，このプログラム 9.3 による計算結果の画面出力例を示す．計算に使用する総イメージ数を 1, 4, 8 と増やすことにより計算時間が減少している．計算結果が微妙に異なるのは，総和の取り方がイメージ数により異なるためであり，イメージごとに総和を求める後の選択や順序を変えることにより精度を改善することが可能である．

プログラム 9.3　Coarray を用いて π を計算するプログラム例

```
1  program piseries
2      implicit none
3      real(8) :: res[*] !円周率を計算して保存するcoarray
4      integer :: n
5      integer :: i
6      integer :: s_time, e_time, count_sec, count_max
7      !イメージごとに級数を計算する部分の計算項数
8      integer :: n_div
9      !イメージごとの級数の計算項の開始・終了番号
10     integer,allocatable :: i_begin(:),i_end(:)
11     integer :: n_img  !イメージの総数
12     real(8) :: elasped, ref_pi !経過時間とπの参照値
13
```

```
!開始時刻を計測
call system_clock(s_time, count_sec, count_max)
res = 0.0d0
n = 5000*10000*10000    !計算する最大の項数
n_img = num_images()
allocate(i_begin(n_img), i_end(n_img))

n_div = n/n_img
do i=1, n_img
   i_begin(i) = n_div*(i-1)

   if (i == n_img) then
      i_end(i) = n
   else
      i_end(i)    = i_begin(i) + n_div - 1
   end if
end do

res = 0.0d0
do i=i_begin(this_image()), i_end(this_image())
   res = res + (-1)**i/(2.0d0*i+1.0d0)
end do
sync all     !ここまででイメージの同期

if (this_image()==1) then
   !すべてのイメージの結果を統合（足し合わせる）
   do i=2,num_images()
      res = res + res[i]
   end do
   !統合されたイメージを他のイメージにブロードキャスト
   do i=2,num_images()
      res[i] = res
   end do
end if
sync all    !ここまででイメージの同期

```

```
    res = res * 4.0d0

    call system_clock(e_time)
    !経過時間
    elasped = real(e_time - s_time,8)/count_sec
    ref_pi = 4.0d0*atan(1.0d0)  !円周率の参照値
    if (this_image()==1) then
       print '(a,f20.16)','Calc:',res[1]
       print '(a,f20.16)','Ref␣:',ref_pi
       print '(a,f20.16)','Diff:',abs(res[1]-ref_pi)
       print '(a,f20.16,a)','CPU␣:',elasped,"sec"
    end if

end program piseries
```

出力 **9.3**　プログラム 9.3 のコンパイルと実行結果

```
user@PC piseries % caf piseries.f90 -o a
user@PC piseries % cafrun -n 1 a
Calc:  3.1415926541486523
Ref :  3.1415926535897931
Diff:  0.0000000005588592
CPU :  6.1349999999999998sec
user@PC piseries % cafrun -n 4 a
Calc:  3.1415926541494867
Ref :  3.1415926535897931
Diff:  0.0000000005596936
CPU :  1.6439999999999999sec
user@PC piseries % cafrun -n 8 a
Calc:  3.1415926541496590
Ref :  3.1415926535897931
Diff:  0.0000000005598659
CPU :  0.9870000000000000sec
```

例題 9-2

図 9.2 に示すように，単位円の 4 分の 1 の扇形部分を含む単位正方形を小さな正方形の格子に分割する．扇形に含まれる正方形格子全体の面積と扇形を含む最小の正方形格子全体の面積の平均を 4 倍したものは，π の近似値となる．x 軸と平行に並んでいる正方形格子の数を y 軸方向にカウントしていくものとし，y 軸方向のカウントの範囲をイメージごとに割り当てて coarray による並列計算で π の近似値を求めるプログラムを作成せよ．

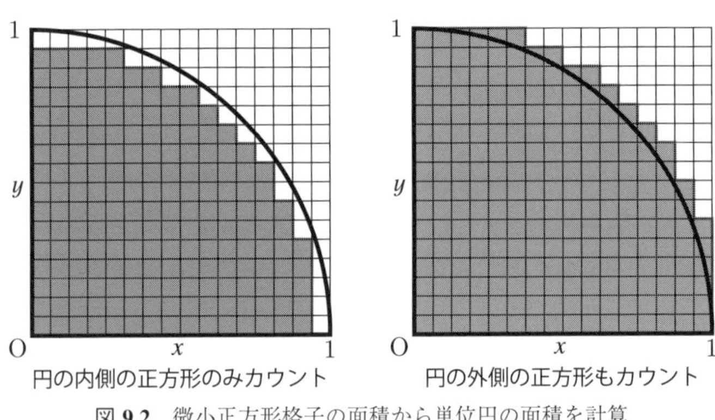

図 9.2　微小正方形格子の面積から単位円の面積を計算

例題 9-2 のプログラム例をプログラム 9.4 に示す．`area_in` と `area_out` は coarray 変数であり，それぞれ扇形に含まれる正方形格子全体の面積と扇形を含む最小の正方形格子全体の面積が代入される．26〜33 行で単位正方形の 1 辺の分割数 `n` をイメージ 1 から読み込んでいる．このようにデータを読み込むイメージは 1 つに限定しないと，全てのイメージで同時に同じ標準入力装置から読み込もうとしてエラーとなる．面積は y 軸方向にカウントし，分割した微小正方形格子の番号のうち各イメージで計算する範囲を，プログラム 9.3 と同様に `i_begin` と `i_end` に格納する．この値を使い 54 行目で，微小正方形格子の数を実行中のイメージに割り当てた範囲で y 軸方向に制御変数 `i` でカウントしている．55 行目は `i` でカウント中の x 軸方向に並んだ正方形格子の底辺の y 座標を `y(1)` に代入している．56 行目では x 軸方向に並んだ正方形格子を制御変数 j でカウントしている．57〜63 行で，正方形格子の 4 つの頂点の x 座標と y 座標を求めている．65〜70 行では扇形の弧上または内側に含まれる正方形格子の頂点の数をカウントして，整数型変数 cs に代入している．cs の値が 4 のとき正方形格子は完全に扇形の内側に位置し，1≤cs≤3 のときは正方形格子が扇形を含んでいる場合に対応し，cs=0 のときは正方形格子は扇形の外側に位置することになる．71〜76 行では，cs の値に応じて，正方形格子の面積を加算している．

出力 9.4 に，単位正方形の 1 辺を 100000 分割し，イメージ数を 1 と 8 としたときの計算例を計算に要した経過時間と共に示す．

プログラム **9.4**　Coarray を用いて π を計算するプログラム例

```
1  program circulararea
2      implicit none
3      !正方形格子の面積を計算して保存するcoarray(内側)
4      real(8) :: area_in[*]
5      !正方形格子の面積を計算して保存するcoarray(外側)
6      real(8) :: area_out[*]
7      real(8) :: area   !計算された円の面積
8      integer :: n[*]   !単位正方形の1辺の分割数のcoarray
9      integer :: i,j,k
10     integer :: s_time, e_time, count_sec, count_max
11     !イメージごとに面積を計算するときのy軸方向の個数
12     integer :: n_div
13     !単位正方形をイメージ数でy軸方向に分割する時,
14     !イメージごとの正方形格子のy軸方向の開始・終了番号
15     integer,allocatable :: i_begin(:),i_end(:)
16     integer :: n_img   !イメージの総数
17     !経過時間, πの参照値, その誤差
18     real(8) :: t, ref_area, diff_area
19     real(8) :: x(4),y(4),r2,delta,d_area
20     integer :: cs !単位円内に含まれる微小正方形の頂点の数
21
22     area_in  = 0.0d0
23     area_out = 0.0d0
```

```

!単位正方形の1辺の分割数の読み込み
if (this_image()==1) then  !イメージ1で読み込む
   print '(a)', 'Input␣n␣(>␣100):␣'
   read *,n
   do i=2,num_images()  !他のイメージにブロードキャスト
      n[i] = n
   end do
end if
sync all  !読み込みとブロードキャストが完了するまで待つ

!開始時刻を計測
call system_clock(s_time, count_sec, count_max)

n_img = num_images()
allocate(i_begin(n_img), i_end(n_img))
delta = 1.0d0/real(n,8)  !微小正方形の1辺の長さ
d_area = delta*delta
n_div = n/n_img
do i=1, n_img
   i_begin(i) = n_div*(i-1)

   if (i == n_img) then
      i_end(i) = n-1
   else
      i_end(i) = i_begin(i) + n_div - 1
   end if
end do

area = 0.0d0
do i=i_begin(this_image()), i_end(this_image())
   y(1) = delta*i
   do j=0,n-1
      x(1) = delta*j
      x(2) = x(1) + delta
      y(2) = y(1)
```

```
         x(3) = x(2)
         y(3) = y(2) + delta
         x(4) = x(1)
         y(4) = y(3)
         cs = 0
         do k=1,4
            r2 = x(k)*x(k)+y(k)*y(k)
            if (r2<=1.0d0) then
               cs = cs + 1
            end if
         end do
         if (cs==4) then
            area_in  = area_in  + d_area
            area_out = area_out + d_area
         else if (cs>0) then
            area_out = area_out + d_area
         end if
      end do
   end do
   sync all    !ここまででイメージの同期

   if (this_image()==1) then
      !すべてのイメージの結果を統合して和をとる
      do i=2,num_images()
         area_in  = area_in  + area_in[i]
         area_out = area_out + area_out[i]
      end do
      !統合されたイメージを他のイメージにブロードキャスト
      do i=2,num_images()
         area_in[i]  = area_in
         area_out[i] = area_out
      end do
   end if
   sync all   !ここまででイメージの同期

   area_in  = area_in  * 4.0d0
```

```
    area_out = area_out * 4.0d0
    sync all

    !area_inとarea_outの平均
    area = 0.5d0*(area_in + area_out)

    call system_clock(e_time)
    !経過時間
    t  = real(e_time - s_time,8)/count_sec
    !単位円の面積の参照値 = π
    ref_area  = 4.0d0*atan(1.0d0)
    diff_area = abs(area-ref_area)
    if (this_image()==1) then
       print '(a,f20.16)',  'Calc␣area␣:␣',area
       print '(a,f20.16)',  'Ref␣␣area␣:␣',ref_area
       print '(a,f20.16)',  'Diff␣area␣:␣',diff_area
       print '(a,f20.16,a)','Comp␣time␣:␣',t,"sec"
    end if

end program circulararea
```

出力 **9.4** プログラム 9.4 のコンパイルと実行結果

```
user@PC circulararea % caf circulararea.f90 -o a
user@PC circulararea % cafrun -n 1 ./a
Input n (> 100):
100000
Calc area :   3.1415927494775429
Ref  area :   3.1415926535897931
Diff area :   0.0000000958877497
Comp time : 110.8169999999999931sec
user@PC circulararea % cafrun -n 8 ./a
Input n (> 100):
100000
Calc area :   3.1415924911908593
Ref  area :   3.1415926535897931
```

```
Diff area :   0.0000001623989339
Comp time :  23.1439999999999984sec
```

例題 9-3

表 9.1 に示すデータをテキストファイル `inp.txt` に保存して，このファイルから配列の次元，行列，ベクトルを読み込み，それらの要素を別のテキストファイル `out.txt` に出力する coarray を用いたプログラムを作成せよ．ただし，`inp.txt` の 1 行目は行列とベクトルの次元がそれぞれ 4×4, 4 であることを意味し，2〜5 行は 4×4 の行列の各行のデータ，6 行目はベクトルの成分であるものとする．

表 **9.1**　行列とベクトルの入力データファイル `inp.txt` の内容

```
1  4
2  0.02  0.0    0.0    0.0
3  1.0   2.0    1.0    0.0
4  0.0   1.0    2.0    1.0
5  0.0   0.0  100.0  200.0
6  0.02  1.0    4.0  800.0
```

例題 9-3 では，coarray を用いた動的割り付けが可能な配列の宣言と，coarray 変数のファイル間の入出力がポイントとなる．プログラム例をプログラム 9.5 に示す．

プログラム **9.5**　Coarray を用いた配列の入出力のプログラム例

```
program coarraymatrix
   use,intrinsic :: iso_fortran_env
   implicit none
   integer(int32),parameter :: dp=real64
   integer(int32) :: n[*]
   integer(int32) :: i
   real(kind=dp),allocatable  :: a(:,:)[:],b(:)[:]
```

```
   integer(int32),parameter   :: iunit=7,ounit=8
   character(len=7),parameter :: ifile='inp.txt'
   character(len=7),parameter :: ofile='out.txt'

   if (this_image() == 1) then
      open(unit=iunit,file=ifile)
      read(iunit,*) n
      call co_broadcast(n, source_image=1)
   end if
   sync all
   allocate(a(n,n)[*],b(n)[*])

   if (this_image() == 1) then
      do i=1,n
         read(iunit,*) a(i,:)
      end do
      read(iunit,*) b
      call co_broadcast(a, source_image=1)
      call co_broadcast(b, source_image=1)
      sync all
      close(iunit)
   end if
   sync all
   if (this_image() == 1) then
      open(unit=ounit,file=ofile)
      write(ounit,'(a)') 'Matrix␣a'
      write(ounit,'(4(f10.5,:1x))') (a(i,:),i=1,n)
      write(ounit,'(a)') 'Vector␣b'
      write(ounit,'(4(f10.5,:1x))') b
      close(ounit)
      stop
   end if
end program coarraymatrix
```

プログラム 9.5 では，組み込みモジュール iso_fortran_env を読み込んでいる．組み込みモジュールを読み込むときは，use の後ろにコンマで区切って属性 intrinsic を追加する．iso_fortran_env モジュールには，4 バイト整数型，8 バイト整数型，4 バイト実数型，8 バイト実数型，16 バイト実数型の種別パラメータがそれぞれ int32, int64, real32, real64, real128 として整数型で定義されている．プログラムの 4 行目では real64 を整数型変数 dp に代入しているので，以下，倍精度実数型の種別パラメータとして dp を用いることができる．5 行目では，行列とベクトルの次元に対応する coarray の整数型変数 n を宣言している．7 行目では，動的割り付け可能な coarray の 2 次元配列 a と 1 次元配列 b を宣言している．動的割り付け可能な coarray 変数のイメージ数の部分は，割り付け可能であるという意味で [:] と指定する．Coarray 変数が割り付けられるときはプロセッサによって決まるイメージ数という意味で 18 行目のように [*] と書くことになる．12〜16 行では，イメージ 1 で実行中に配列の次元 n をファイル inp.txt から読み込み，それを組み込みサブルーチン co_broadcast を用いて他のインデックスのイメージにブロードキャストする．これで，全てのイメージで n がファイルから読み込んだ同じ値を共有することになる．n の値が全てのイメージで同じ値として確定したので，18 行目で配列 a と b を coarray として割り付けている．20〜29 行ではイメージインデックスが 1 のときに配列 a と b を読み込み，それらを他のインデックスのイメージにブロードキャストしている．31〜39 行でも同様にイメージインデックスが 1 のときに，配列 a と b の内容をファイル out.txt に出力している．

演習 9.1　式 (9.2) のような e の無限級数の表現により，e の値を計算する coarray を用いた並列計算プログラムを作成せよ．

$$e = 2\sum_{i=0}^{\infty} \frac{i+1}{(2i+1)!} \tag{9.2}$$

演習 9.2　点 (0.5, 0.5, 0.5) を中心とする半径 0.5 の球の体積をモンテカルロ法で計算する coarray を用いた並列計算プログラムを作成せよ．（ヒント）組み込みサブルーチン random_number を用いて call random_number(x) のようにこのサブルーチンを呼ぶと，0 から 1 までの値を取る一様乱数の実数値 x を発生させることができる．同様に 0 から 1 まで値を取る実数 y と z を発生させると，1 辺の長さが 1 の立方体中の 1 点が決まる．この点が球の表面または内部にあるときの点の数を数えて，発生させた全点数で割ったものがこの球の体積の近似値となる．

演習 9.3　連立方程式の反復解法の 1 つのヤコビ（Jacobi）法を coarray を用いて並列化したプログラムを作成せよ．

ヤコビ法は連立一次方程式の係数行列を a_{ij} $(i = 1, \cdots, n;\ j = 1, \cdots, n)$，右辺のベクトルを b_i $(i = 1, \cdots, n)$，解の候補を $x_i^{(k)}$ $(i = 1, \cdots, n)$，改良された解の候補を $x_i^{(k+1)}$ $(i = 1, \cdots, n)$ としたとき，式 (9.3) を $x_i^{(k+1)}$ と $x_i^{(k)}$ の差が十分小さくなるまで反復して解を求める方法である．

$$x_i^{(k+1)} = \frac{1}{a_{ii}} \left(b_i - \sum_{\substack{j=1 \\ (j \neq i)}}^{n} a_{ij} x_j^{(k)} \right) \tag{9.3}$$

この式はベクトル x_i の各行で独立に成立するので，coarray を用いて並列化することが可能となる．

第10章

C言語プログラムとの共用

10-1　C言語とFortranのプログラムの結合

Fortran 2003より，FortranプログラムからのC言語で記述された関数の呼び出しや，C言語によるプログラムからFortranのサブルーチンや関数の呼び出しが容易にできるようになっている．FortranからC言語で書かれた関数を使用したり，その逆を行うには，Fortranのソースでまず組み込みモジュール`iso_c_binding`を読み込む．さらに，使用する関数（またはサブルーチン）のインターフェースをFortran側で用意する．C言語側からの返り値が`void`のときは，Fortran側ではサブルーチンとする．また，インターフェースにおける関数やサブルーチンの引数を定義する部分に`bind(c)`属性を付加する．表10.1に示すように，C言語に対応したインターフェース内の関数やサブルーチンにおける引数の型の種別パラメータは，組み込みモジュール`iso_c_binding`で定義されているものを用いる．

10-2　FortranとC言語間の相互呼び出しプログラムの例

ここでは例として，Fortranプログラム`c_fortran.f90`からC言語のプログラム`val_from_c.c`を呼び出し，`val_from_c.c`から`f_func.f90`を呼び出すプログラムをプログラム10.1, 10.2, 10.3に示す．

プログラム10.1の2行目で，組み込みモジュール`iso_c_binding`の使用を宣言している．42行目でサブルーチン`val_from_c`を呼び出しているが，このサ

表 10.1 モジュール iso_c_binding で定義された Fortran における種別パラメータと C 言語の型名の対応関係

整数型	
Fortran	C 言語
c_int	int
c_short	short int
c_long	long int
c_long_long	long long int
c_signed_char	signed char, unsigned char
c_size_t	size_t
c_int8_t	int8_t
c_int16_t	int16_t
c_int32_t	int32_t
c_int64_t	int64_t
実数型	
Fortran	C 言語
c_float	float
c_double	double
c_long_double	long_double
複素数型	
Fortran	C 言語
c_float_complex	float _Comlex
c_double_complex	double _Complex
c_long_double_complex	long double _Complex
論理型	
Fortran	C 言語
c_bool	_Bool
文字型	
Fortran	C 言語
c_char	char

ブルーチンはプログラム 10.2 に示す C 言語で記述された void を返す関数である．したがって，この関数のインターフェースを bind(c) 属性を付加して 14～29 行に記述している．val_from_c には，6 個の引数 i, j, v, chr, a, t を渡しているが，これらはそれぞれ整数値，整数型変数のアドレス，複素数値，文字型

変数，1 次元配列，2 個の整数をメンバに持つ派生型（構造体）のアドレスである．インターフェースでも同様に iso_c_binding を使用し，整数型は種別パラメータ c_int を用いて宣言する．

C 言語のプログラムの引数は，スカラー変数は値渡し，配列と文字列は参照渡し（アドレス渡し）である．一方，Fortran のサブルーチンと関数の引数は参照渡しである．プログラム 10.2 の val_from_c のソースを見ると，それぞれの引数は，i は値渡し，j は参照渡し，v は値渡し，chr は文字列であるから参照渡し, a は配列であり a[] のように参照渡し, 構造体の th は参照渡しとなるように定義されている．したがって，14〜29 行のインターフェースでは i と v については整数型と複素数型の宣言文に値渡しであることを示す value という属性を追加している．また文字列については，文字列の長さを動的に割り付け可能な変数 fchar を val_from_c に渡しているが，val_from_c 側で受け取るときは，Fortran 側でサイズを確定させた文字配列として受け取っている．配列を受け取る部分は，インターフェースでは，アステリスク「*」を用い，Fortran 側で確定しているサイズの配列であると明示的に宣言する必要がある．例えば real(c_double) :: a(*) のように宣言する必要があり，real(c_double) :: a(:) を用いることはできない．

C 言語で記述された関数 val_from_c は，受け取った引数の値をこの関数内から表示する．この関数は，複素数型とその実部と虚部を取り出す関数が定義されたヘッダー complex.h を読み込んで使用している．また構造体 th は，この関数を呼ぶ前には th%num1=1, th%num2=2 と値が設定されているが，この関数内では，th->num1=3; th->num1=4; と設定し直している．th はアドレスが渡されているので，この関数を呼び出している c_fortran.f90 側の th の値も更新されることになる．また，関数 val_from_c は 22 行目で関数 f_func を呼び出している．これはプログラム 10.3 に示すように Fortran で記述された関数である．ただし，C 言語から引数を渡されて呼ばれているので，定義の際は bind(c) 属性をつけて組み込みモジュール iso_c_binding を使用している．引数 x, y はそれぞれ値渡しと参照渡しの整数であり，x の宣言には value 属性が追加されている．

出力 10.1 にはまず，gfortran と gcc でこれらのプログラムをコンパイルし，gfortran コマンドで 1 つの実行プログラムにリンクするコマンドを示している．例えば，gfortran -c c_fortran.f90 を実行すると，c_fortran.f90 からオブジェクトコード c_fortran.o が作成される．同様に gfortran -c f_func.f90 により f_func.o が，gcc -c val_from_c.c により val_from_c.o が作成される．最後に， gfortran -o a c_fortran.o f_func.o val_from_c.o により，c_fortran.o, f_func.o, val_from_c.o から実行形式のファイル a が作成される．コマンド ./a によりこれを実行すると結果が表示される．

プログラム **10.1**　Fortran と C 言語のプログラムの結合例
（Fortran 主プログラム: c_fortran.f90）

```
program c_fortran
   use,intrinsic :: iso_c_binding
   implicit none
   integer(c_int) :: m
   integer(c_int) :: n
   complex(c_double_complex) :: v
   character(len=:),allocatable :: fchar
   real(c_double) :: a(3) = [1.0d0,2.0d0,3.0d0]
   type,bind(c) :: twoint
      integer(c_int) :: num1
      integer(c_int) :: num2
   end type
   type(twoint) :: th
   interface
      subroutine val_from_c(i,j,v,chr,a,t) bind(c)
         use,intrinsic :: iso_c_binding
         integer(c_int),value:: i
         integer(c_int):: j
         complex(c_double_complex), &
            value,intent(in) :: v
         character,intent(in),dimension(*) :: chr
         real(c_double) :: a(*)
         type,bind(c) :: twoint
            integer(c_int) :: num1
```

```
          integer(c_int) :: num2
        end type
        type(twoint) :: t
      end subroutine
   end interface

   m = 333
   n = 444
   v = (4.4_c_double,3.3_c_double)
   fchar = c_char_'Characters␣passed␣to␣C␣function' &
    // c_null_char
   th%num1 = 1
   th%num2 = 2

   print '(a,/,a,i0,a,i0)', &
      'Before␣function␣call:␣', &
      'th=',th%num1,',',th%num2
   call val_from_c(m,n,v,fchar,a,th)
   print '(a,/,a,i0,a,i0)', &
      'After␣function␣call:␣', &
      'th=',th%num1,',',th%num2
end program c_fortran
```

プログラム **10.2**　Fortran と C 言語のプログラムの結合例
（C 言語プログラム: `val_from_c.c`）

```
#include <stdio.h>
#include <complex.h>
int f_func(int,int*);
double _Complex c;
struct twoint {int num1,num2;};
void val_from_c(
int i, int* j, double _Complex v, char* chr,
double a[], struct twoint *th)
{
  c = CMPLX(1.2, 3.4);
  printf("From␣C␣function:␣%d\n",i);
```

```
  printf("From␣C␣function:␣%f+%fi\n",
    __real__(v), __imag__(v));
  printf("From␣C␣function:␣%f+%fi\n",
    __real__(c), __imag__(c));
  printf("%s\n", chr);
  printf("From␣C␣function:␣%f␣%f␣%f\n",
  a[0],a[1],a[2]);

  i= 998;
  *j = 888;
  f_func(i,j);
  th->num1 = 3;
  th->num2 = 4;
  return;
}
```

プログラム **10.3** Fortran と C 言語のプログラムの結合例（C 言語プログラムから呼び出される Fortran 関数副プログラム: `f_func.f90`）

```
function f_func(x,y) bind(c)
   use,intrinsic :: iso_c_binding
   implicit none
   integer(c_int),intent(in),value :: x
   integer(c_int),intent(in) :: y
   integer(c_int) :: f_func
   print '(a,i0)', &
       'From␣Fortran␣func.␣called␣from␣C:␣',x
   print '(a,i0)', &
       'From␣Fortran␣func.␣called␣from␣C:␣',y
   return
end function f_func
```

出力 **10.1** Fortran と C 言語のプログラムを結合するときのコンパイル，リンク，および実行結果

```
user@PC c_f % gfortran -c c_fortran.f90
user@PC c_f % gfortran -c f_func.f90
user@PC c_f % gcc -c val_from_c.c
```

```
user@PC c_f % gfortran -o a c_fortran.o f_func.o
   val_from_c.o
user@PC c_f % ./a
Before function call:
th=1,2
From C function: 333
From C function: 4.400000+3.300000i
From C function: 1.200000+3.400000i
Characters passed to C function
From C function: 1.000000 2.000000 3.000000
From Fortran func. called from C: 998
From Fortran func. called from C: 888
After function call:
th=3,4
```

演習 10.1　ニュートン法で，方程式 $f(x) = 23x^5 - 10x^3 + 17x + 2 = 0$ の解を区間 $-1 \leq x \leq 1$ において計算するプログラムを，Fortran と C 言語を結合して作成せよ．関数 $f(x)$ とその導関数 $f'(x)$ を計算する関数は C 言語を用いて記述せよ．

演習 10.2　演習 6.7 のプログラムを，関数の計算には C 言語を用い，それ以外の部分は Fortran を用いて作成せよ．

付録 A

組み込み関数と組み込みモジュール

A-1 組み込み関数

2-7 節，5-5 節，9-1 節で示したもの以外の組み込み関数を以下に示す．

A-1-1 数学関数

atanh(x) x は $-1 \leq x \leq 1$ の実数型または複素数型の引数．x が実数のときは $\tanh^{-1} x$ の値を実数型で，x が複素数のときは $\tanh^{-1} x$ の虚部が $-\pi/2$ から $\pi/2$ の範囲の複素数型での結果を返す．

bessel_j0(x) 0 階の第 1 種ベッセル関数値．x は実数．

bessel_j1(x) 1 階の第 1 種ベッセル関数値．x は実数．

bessel_jn(n,x) n 階の第 1 種ベッセル関数値．n は非ゼロの整数で，x は実数．

bessel_jn(n1,n2,x)
n1 階から n2 階までの第 1 種ベッセル関数値．n1，n2 は非ゼロの整数（n1≤n2）で，x は実数. 結果は n2-n1+1 個の要素を持つ実数型の配列として返す．

bessel_y0(x) 0 階の第 2 種ベッセル関数値．x は実数．

bessel_y1(x) 1 階の第 2 種ベッセル関数値．x は実数．

bessel_yn(n,x) n 階の第 2 種ベッセル関数値．n は非ゼロの整数で，x は実数．

bessel_yn(n1,n2,x)

n1 階から n2 階までの第 2 種ベッセル関数値．n1，n2 は非ゼロの整数（n1≤n2）で，x は実数. 結果は n2-n1+1 個の要素を持つ実数型の配列として返す.

erf(x) 誤差関数 $\mathrm{erf}\,(x) = \frac{2}{\sqrt{\pi}}\int_0^x \exp(-t^2)\,dt$.　x は実数.

erfc(x) 相補誤差関数 $\mathrm{erfc}\,(x) = 1 - \mathrm{erfc}\,(x)$.　x は実数.

gamma(x) ガンマ関数 $\Gamma(x)$ ($x > 0$ または $-1 < x < 0$).　x は実数.

hypot(x,y) $\sqrt{x^2 + y^2}$. x, y は実数.

A-1-2　文字列と論理型に関連する関数

achar(i[,kind])

ASCII コードにおける整数 i（ただし 0 ≤i≤ 127）に対応する 1 文字を返す.

iachar(c[,kind])

ASCII コードにおける文字 c の位置に対応する整数を返す.

char(i[,kind])

EBCDIC コード（Extended Binary Coded Decimal Interchange Code; 拡張二進化十進コード）における整数 i に対応する 1 文字を返す.

ichar(c[,kind])

EBCDIC コードにおける文字 c の位置に対応する整数を返す.

lge(a,b) a, b は文字型変数であり，a が b よりも ASCII コードの文字照合シーケンスにおいて後方または同じ位置に来るときに真値，それ以外のときは偽値を返す．a と b の長さが異なるときは，短い文字列の方の後ろに長い方の長さと一致するまで空白文字が追加されて比較される．文字列の長さが異なるときの扱いは，以下の lgt, lle, llt についても同様.

lgt(a,b)　a, b は文字型変数であり，a が b よりも ASCII コードの文字照合シーケンスにおいて後方に来るときに真値，それ以外のときは偽値を返す.

lle(a,b)　a, b は文字型変数であり，a が b よりも ASCII コードの文字照合シーケンスにおいて前方または同じ位置に来るときに真値，それ以外のときは偽値を返す.

llt(a,b)　a, b は文字型変数であり，a が b よりも ASCII コードの文字照合シーケンスにおいて前方に来るときに真値，それ以外のときは偽値を返す.

adjustl(a)　文字列 a の先頭の空白文字列を削除してそれ以降の文字列全体を左寄せし，それ以降に生じる部分に空白文字列を挿入したものに変換して返す.

adjustr(a)　文字列 a の末尾の空白文字列を削除してそれより前の文字列全体を右寄せし，前方に生じる部分に空白文字列を挿入したものに変換して返す.

index(a,b[,back][,kind])

a は文字列，b は a の中に含まれていることが想定される部分文字列である．引数 back の値が省略されているときは，文字列 a の中に含まれる部分文字列 b と一致する最初の位置を返す． back=.true. を指定したときは，部分文字列が複数あった場合は一致した最後のパターンの位置を返す．部分文字列の長さが 0 のときは，back の値が省略されているときは 1，back=.true. を指定したときは，a の長さに 1 を足した値を返す．kind は返される整数値の種別値を指定するときに用いる.

scan(a,b[,back][,kind])

文字列 a の中で文字列 b に含まれるいずれかの文字と一致する文字の先頭の位置を整数値で返す．例えば

```
scan('abcdefddef','dxy')
```

は 4 を返す．引数 back=.true. を指定したときは，

```
scan('abcdefddef','dxy',back=.true.)
```

は 8 を返す．kind は返される整数値の種別値を指定するときに用いる．

verify(a,b[,back][,kind])
文字列 a の中で文字列 b に含まれない文字を先頭から探し，その最初の位置を返す．back=.true. を指定したときは a の末尾の方から探して最初に見つかった位置を返す．

new_line(a) a は文字型であり，a と同じ文字型の改行文字（書式付きの出力における改行を制御する文字）を返す．例えば次の命令を実行すると，整数 1 と 2 が出力されたあとに改行されて 3 が出力される．

```
print *,1,2,new_line('a'),3
```

logical(e) e は論理型定数，論理型変数，論理式のいずれかであり，e の論理値（真または偽）を返す．

A-1-3 ファイルに関する問い合わせ関数

inquire(file=name または **[unit=]io-unit[,err=label][,iostat=i-var][,defaultfile=def],slist)**

接続された（開かれた）ファイルに対する情報の問い合わせ関数である．name は問い合わせを行う対象のファイル名の文字列定数．io-unit は装置番号．label は問い合わせ時にエラーが発生したときに制御を渡すプログラム中のラベル番号．i-var は問い合わせ時にエラーが発生したときには正の整数，エラーが発生しなかったときには 0 を返す．slist には，以下のキーワードのいずれかを指定する．

access=acc

ファイルへのアクセス方法を問い合わせるためのキーワード．acc は文字型

定数であり，ファイルが接続されているとき（開かれているとき）には，'SEQUENTIAL', 'DIRECT', 'STREAM' のいずれかを返す．ファイルが接続されていないときは，'UNDEFINED' を返す．

action=act

ファイルに許されている入出力操作を問い合わせるためのキーワード．act は文字型定数であり，ファイルが接続されているときには，'READ', 'WRITE', 'READWRITE' のいずれかを返す．ファイルが接続されていないときは，'UNDEFINED' を返す．

asynchronous= asynch

asynch は文字型定数であり，ファイルが接続されているときに非同期入出力が許されている場合は'YES', そうでない場合は'NO' を返す．ファイルが接続されていないときは，'UNDEFINED' を返す．

blank=bl

bl は文字型定数であり，ファイルが接続されているときに数値データ中のブランクを無視するときは'NULL', ゼロとみなすときは'ZERO' を返す．ファイルが接続されていないときは，'UNDEFINED' を返す．

decimal=dec

dec は文字型定数であり，入出力の制御編集記述子で dp や dc が使われているときに，接続されているファイルで小数点にピリオドが使われている場合は'POINT', コンマが使われている場合は'COMMA'，ファイルが接続されていないときは，'UNDEFINED' を返す．

delim=del

del は文字型定数であり，open 文や write 文で使用する文字型定数を囲む文字が二重引用符'QUOTE' であるか一重引用符（アポストロフィ）'APOSTROPHE' であるかを返す．ファイルが接続されていないときは，'UNDEFINED' を返す．

direct=dir，**sequential**=seq，**stream**=stm,

dir, seq, stm はそれぞれ文字型定数であり，ファイルアクセスが dir は直接探査，seq は連続探査，stm はストリームアクセスかどうかをそれぞれ'YES' または'NO' の値を返す．ファイルが接続されていないときは，'UNDEFINED' を返す．

encoding=enc

enc はファイル中の文字列のエンコーディングを，ファイルを接続時の指定の状況に応じて'UTF-8' または'DEFAULT', 'UNKNOWN' の値で返す.

err=errlabel, **iostat**=ios

errlabel は問い合わせのエラー発生時に制御を渡すプログラム中のラベル番号，ios はこのファイルに対する問い合わせが正常終了したときは 0 を返す.

exist=ex

ex は論理型のスカラー値であり，ファイルが存在する場合に真（.true.），存在しない場合に偽（.false.）を返す.

form=fm

fm は'FORMATTED', 'UNFORMATTED', 'UNDEFINED' のいずれかの文字型定数であり，接続されているファイルの形式に応じて値を返す.

formatted=fmt, **unformatted**=unfmt,

fmt と unfmt はいずれも'YES', 'NO', 'UNKNOWN' のいずれかの値を取る文字型定数であり，接続されているファイルの形式に応じて値を返す.

id=idnum

idnum は接続されているファイルの非同期入出力における ID 番号を整数で返す.

iomsg=message

message にはエラー発生時のエラー情報の説明文を文字列として返す.

named=nmd, **name**=nm,

nmd は論理型変数であり，ファイルに名前がある場合に真（.true.），ない場合に偽（.false.）を返す．nmd が真のときは，nm にファイル名を返す.

nextrec=nr

nr は整数型変数であり，直接探査入出力としてファイルが接続されているときに，入出力された最後のレコード（記録）の番号に 1 を加えた数値を返す．また，一度も入出力されていない場合は 1 を返す．ファイルが接続されていない場合の値は定義されていない.

number=num

num は整数型変数であり，ファイルが接続されている装置番号を返す．問い合わせしたいファイルが接続されていない場合は-1 を返す．

opened=opn

opn は論理型変数であり，ファイルまたは装置がオープン（接続）されている場合は真（.true.），そうでない場合は偽（.false.）を返す．

pad=pd

pd は'YES', 'NO', または'UNDEFINED' の値を取る文字型変数である．読み込む値の桁が編集記述子で指定された欄の幅よりも少ないときに，残りの部分に空白を充填するどうかを返す．

pending=pend

非同期入出力の id=キーワードが存在しているときに，pend は真（.true.），または偽（.false.）の値を取る．

pos=ps

ps は整数型変数であり，ストリーム入出力ファイルの場合の入出力の現在の位置を返す．

position=pos

pos は文字型変数であり，'REWIND', 'APPEND', または'ASIS' の値を返す．直接探査入出力ファイルの場合の値は'UNDEFINED' である．

read=rd

rd は文字型変数であり，ファイルの読み出しが許可されている場合は'YES'，許可されていない場合は'NO'，指定がない場合は'UNKNOWN' を返す．

readwrite=rw

rw は文字型変数であり，ファイルの読み出し・書き込みがともに許可されている場合は'YES'，許可されていない場合は'NO'，指定がない場合は'UNKNOWN' を返す．

recl=rl

rl は整数型変数であり，直接探査入出力ファイルが接続されている場合はレコード長，ストリーム入出力ファイルが接続されている場合は最大レコード長を返す．

round=rnd

rnd は文字型変数であり，数値の丸め方を'UP'（数部分の末尾を切り上げ），'DOWN'（切り捨て），'ZERO'（ゼロ），'NEAREST'（最も近い値），'COMPATIBLE'（互換），または'PROCESSOR_DEFINED'（プロセッサの定義による）で返す．ファイルが接続されていないときは値は'UNDEFINED'となる．

sign=sgn

sgn は文字型変数であり，数値のプラス記号「+」の表示についての扱い方を'PLUS'（正の数のときに先頭にプラス記号をつける），'SUPPRESS'（プラス記号をつけない），または'PROCESSOR_DEFINED'（プロセッサによる）で返す．ファイルが接続されていないときは，'UNDEFINED'となる．

size=sz

sz は整数型変数であり，ファイルのサイズをバイト数で返す．

write=wr

wr は文字型変数であり，ファイルの書き込みが許可されている場合は'YES'，許可されていない場合は'NO'，指定がない場合は'UNKNOWN'を返す．

A-1-4　数値データに関する問い合わせ関数

数値データの問い合わせ関数は，数値データが整数は式 (A.1)，実数は式 (A.2) の数値モデルで扱われていることに基づいている．

$$i = s \times \sum_{k=1}^{q} w_k \times r^{k-1} \tag{A.1}$$

$$x = s \times b^e \times \sum_{k=1}^{p} f_k \times b^{-k} \tag{A.2}$$

ただし，s は +1 または −1，r と b は基数（整数）であり $r > 1$ および $b > 1$，w_k と f_k はそれぞれ $0 \le w_k < r$ および $0 \le f_k < b$ である整数，q と p は数値の桁数に対応する正の整数である．例えば，10 進数の −21，すなわち -21_{10} は 2 進数で表したときに次のようになる．

$$-21_{10} = -1 \times (1 \times 2^4 + 0 \times 2^3 + 1 \times 2^2 + 0 \times 2^1 + 1 \times 2^0) = -10101_2$$

したがって，$s = -1, r = 2, w_1 = 1, w_2 = 0, w_3 = 1, w_4 = 0, w_5 = 1, q = 5$ となる．

また，10 進数の -3.14 を 2 進数で表すと無限小数となるが，途中で打ち切って次のようになる．

$$\begin{aligned}
-3.14_{10} &= -11.001000111101011100001 0_2 \\
&= -1 \times 2^2 \times \bigl(1 \times 2^{-1} + 1 \times 2^{-2} + 0 \times 2^{-3} + 0 \times 2^{-4} + 1 \times 2^{-5} \\
&\quad + 0 \times 2^{-6} + 0 \times 2^{-7} + 0 \times 2^{-8} + 1 \times 2^{-9} + 1 \times 2^{-10} \\
&\quad + 1 \times 2^{-11} + 1 \times 2^{-12} + 0 \times 2^{-13} + 1 \times 2^{-14} + 0 \times 2^{-15} \\
&\quad + 1 \times 2^{-16} + 1 \times 2^{-17} + 1 \times 2^{-18} + 0 \times 2^{-19} + 0 \times 2^{-20} \\
&\quad + 0 \times 2^{-21} + 0 \times 2^{-22} + 1 \times 2^{-23} + 0 \times 2^{-24} + \cdots\bigr)
\end{aligned}$$

これは単精度実数の場合に対応し，$s = -1, b = 2, e = 2, p = 24$ であり，f_k $(k = 1, 2, 3, \cdots, 24)$ は順番に $1, 1, 0, 0, 1, 0, 0, 0, 1, 1, 1, 1, 0, 1, 0, 1, 1, 1, 0, 0, 0, 0, 1, 0$ となっている．

以上の数値モデルに対して，問い合わせ組み込み関数を以下に示す．

epsilon(x)　x は実数であり，x の型の数値で 1.0 と比べて無視できる最小の数値を x と同じ型で返す．

huge(x)　x は整数または実数であり，x の型の数値として扱うことができる最大の数値を x と同じ型で返す．

maxexponent(x)　x は実数であり，x の型の数値として扱うことができる数値の最大指数を整数で返す．

minexponent(x)　x は実数であり，x の型の数値として扱うことができる数値の最小指数を整数で返す．

precision(x)　x は実数であり，x を 10 進数で表したときの有効桁数を整数で返す．

radix(x)　x は整数または実数であり，計算機内の x の型の数値モデルの基数（2 進数の場合は 2）を返す．

range(x) x は整数または実数または複素数であり，x の型の数値として扱うことができる数値を 10 進数で表したときの指数の範囲（上限値）を返す．

tiny(x) x は実数であり，x の型の数値として扱うことができる最小の数値を x と同じ型で返す．

exponent(x) x は実数であり，x の型のモデル数値の指数部分を整数で返す．

fraction(x) x は実数であり，x の型のモデル数値の小数部分を x と同じ型で返す．

nearest(x,s) x, s は実数であり，使用中のプロセッサが表すことが可能な x に最も近い数値を返す．s の符号が正のときは x よりも大きな数値を，s の符号が負のときは x よりも小さな数値を返す．

rrspacing(x) x は実数であり，x に近いモデル数値間の相対間隔の逆数を返す．$|xb^{-e}|\,b^{p}$ と同じである．

scale(x,i) x は実数，i は整数であり，$x \times 2^{i}$ を x と同じ型で返す．

set_exponent(x,i)

x は実数，i は整数であり，x の小数部分に 2^{i} を掛けた数を x と同じ型で返す．

spacing(x) x は実数．x が 0 でないとき，x に近いモデル数値と x との間の絶対間隔（差の絶対値）を返す．x が 0 でないときは $2.0^{\texttt{exponent(x)-digits(x)}}$ と一致する．x=0 のときは tiny(x) と一致する．

A-1-5 種別値を求める関数

selected_int_kind(r)

r は整数であり，n を整数とするとき $-10^{r} < n < 10^{r}$ の範囲の整数を表現するために必要な種別値を整数で返す．当てはまる種別値が存在しないときは -1 を返す．

selected_real_kind(p,r,radix)

p は有効数字の桁数，r は整数のときと同様に 10 進数での指数部分の範囲（上限）の整数，radix は計算機内の実数型の数値モデルの基数（2 進数の場合は 2）であり，対応する種別値を整数で返す．当てはまる種別値が存在しないときは-1 を返す．

selected_char_kind(name)

name で指定される文字コードの種別値を返す．name は 'ascii', 'default', 'iso_10646' のいずれかである．

A-1-6　ビット操作のための関数

bit_size(i)　整数 i を表すために用いられているビット数（整数部分のビット数と符号ビット）を返す．

btest(i,pos)　i, pos は整数であり，整数 i の pos+1 番目のビットが 1 かどうかについて真・偽の論理値（.true. または .false.）で返す．例えば btest(3,0) と btest(3,1) は真，btest(3,2) は偽となる．pos の範囲は 0 ≤ pos < bit_size(i) でなければならない．なお，pos は以下の関数でも同じ範囲をとる．

ibclr(i,pos)　整数 i の pos+1 の位置のビットを 0 にしたものを i と同じ型で返す．例えば ibclr(7,1) は 5 となる．

ibits(i,pos,len)

整数 i の pos+1 の位置から右に len のビット数までの部分をすべて右側に寄せて残りのビットを全て 0 にしたものを i と同じ型で返す．例えば ibits(87,4,3) について考えると，87 は 2 進数で 01010111 となるから，右から (4+1) ビットのところから右に 3 ビット長の部分は 101 となる．これを右端に寄せて残りのビットを全て 0 にすると結果は 00000101，すなわち 5 となる．

ibset(i,pos) 整数 i の pos+1 の位置のビットを 1 にしたものを i と同じ型で返す．例えば ibset(8,1) は 10 となる．

iand(i,j) 整数 i と j の各ビットそれぞれについて論理積をとって得られる整数を返す．例えば iand(5,3) の結果は 1 となる．

ior(i,j) 整数 i と j の各ビットそれぞれについて論理和をとって得られる整数を返す．

ieor(i,j) 整数 i と j の各ビットそれぞれについて排他的論理和をとって得られる整数を返す．i と j のビット単位の値に対する排他的論理和の値を次の表に示す．

i のビット	1	1	0	0
j のビット	1	0	1	0
排他的論理和	0	1	1	0

したがって，ieor(87,5) の結果は 82 となる．

not(i) 整数 i の各ビットの論理否定をとって得られる整数を返す．

ishft(i,shift) i と shift は整数であり，shift>0 のときは i の各ビットを左側に shift 回移動して得られる 2 進数を i と同じ型で返す．shift<0 のときは同様に右側に shift 回移動した数を返す．shift が i の 2 進数としての桁数を越えてあふれた部分は捨てられる．shift が 0 のときは，i の値をそのまま返す．

A-1-7 配列の操作のための関数

all(mask[,dim])

配列に関する mask で表した論理式が常に成立する場合には真，成立しない場合には偽を，整数 dim の指定する方向に調べて，論理値を返す．例えば a(3)=[3,4,5] に対して，all(a>4) は偽（.false.）を返す．

any(mask,dim)　配列に関する mask で表した論理式がどの要素かで成立する場合には真，成立しない場合には偽を，整数 dim の指定する方向に調べて，論理値を返す．例えば a(3)=[3,4,5] に対して，any(a>4) は真（.true.）を返す．

norm2(a)　実数型の配列 a の L_2 ノルム，すなわち全ての要素の 2 乗の総和の平方根を返す．

product(a)　配列 a は整数または実数または複素数型であり，全ての要素の積を返す．

merge(ta,fa,mask)

ta と fa は任意の型の同じ次元の配列で，mask は論理型である．ta と fa のそれぞれの要素に対して，mask が真のときは ta の要素，mask が偽のときは fa の要素からなる ta と同じ次元の配列を返す．例えば

ta(2,2)=reshape([1,-2,3,-2],[2,2])= $\begin{bmatrix} 1 & 3 \\ -2 & -2 \end{bmatrix}$

fa(2,2)=reshape([-2,2,-2,4],[2,2])= $\begin{bmatrix} -2 & -2 \\ 2 & 4 \end{bmatrix}$

のとき，

merge(ta,fa,ta>0) = $\begin{bmatrix} 1 & 3 \\ 2 & 4 \end{bmatrix}$

となる．

A-2　組み込みサブルーチン

call date_and_time([date][,time][,zone][,values])

date は，長さが 8 の CCYYMMDD の形式の文字列で，CC は西暦の年号の 100 年以上の部分，YY は年号の下位 2 桁の部分，MM は月，DD は日に対応する．YY，MM，DD の上位の桁が存在しないときは 0 で埋める．例えば 2022 年 2 月 8

日の場合の出力は 20220208 となる.

time は，長さが 10 の HHMMSS.SSS の形式の文字列で，HH は 24 時間表記での時間，MM は分，SS は秒，.SSS はミリ秒（1000 分の 1 秒）の部分である.

zone は，協定世界時（UTC: Coordinated Universal Time，グリニッジ標準時）との差を ±HHMM の形式（HH は時間，MM は分）で表す長さ 5 の文字列である.

values はサイズが 8 の整数型配列で，順番に西暦の年号，月，日，協定世界時からの時刻の分単位での差，時刻の中の時間，分，秒，ミリ秒を格納して返す.

call system_clock([count][,count_rate][,count_max])

count は整数値で，プロセッサに依存したプロセッサのカウント数を返す.

count_rate は，1 秒あたりのカウント数である.

count_max は count が取ることができる最大の数を返す.

call cpu_time(time)

time は実数値で，このサブルーチンが呼ばれるまでの CPU タイムを秒単位で計測して返す．この値はプロセッサの状況によってプログラムの実行の度ごとに異なるものとなる．実際にはプログラムのある位置で一度計測し，別の位置で再度計測して両者の差を取ることでその間の CPU タイムを評価するように用いられる.

call random_number(harvest)

harvest は intent(out) の実数値で，0 ≤ harvest < 1 の一様分布からの疑似乱数（以下「乱数」と表す）を返す.

call random_seed([size][,put][,get])

size は intent(out) の整数値で，プロセッサがシード（乱数の種）を格納するために必要な配列のサイズ n を返す.

put は intent(in) のサイズが n の 1 次元の整数型配列を渡し，プロセッサが 1 個以上の同じシードの値を格納して渡す．このシードを渡した後に，サブルーチン random_ number を呼ぶと前回呼び出したときと同じ乱数が発生する.

get は intent(out) のサイズが n の 1 次元の整数型配列で，現在のシードを格納して返す．例えば，seed を動的に割り当て可能な整数型の配列とすると，以下の命令で得られる乱数 x1 と x2 は同じ値となる.

```
call random_seed(n)
allocate(seed(n))
call random_seed(get=seed)
call random_number(x1)
call random_seed(put=seed)
call random_number(x2)
```

A-3　ターミナルコマンドの実行および関連する組み込みサブルーチンと関数

ターミナルから実行するコマンドを引数として渡して実行する組み込みサブルーチンや組み込み関数が用意されている．これらを使用すると，ターミナルコマンド（シェルコマンド）や他のプログラムを Fortran のプログラムの中から組み合わせて実行することができ，様々な処理の自動化に用いることができる.

call execute_command_line(command[,wait][,exitstat][,cmdstat][,cmdmsg])

command は，実行したいコマンドを格納した文字列.

wait はコマンドを同期的に実行する場合は.true.（既定値），非同期で実行する場合は.false..

exitstat は，wait=.true. のときに実行されたコマンドから返されたシステム戻り値コード.

cmdstat はコマンドの実行状況を示す数値（-1：コマンドがサポートされていない．-2：非同期実行がサポートされていない．0：前記以外）を格納して返す．

cmdmsg はコマンド実行でエラーが発生したときにエラーメッセージが格納される文字型のスカラー変数である．

execute_command_line の例として，グラフ作成プログラム gnuplot でコマンドを実行して $y = \sin(x)$ のグラフを EPS 形式で出力し，それをディスプレイに表示させる Fortran のプログラムをプログラム A.1 に示す．

プログラム **A.1**　execute_command_line を使ったプログラムの例

```
program callexecute
   call execute_command_line("gnuplot␣sinx.txt")
   call execute_command_line("open␣sinx.eps")
   call execute_command_line("python␣message.py")
end program callexecute
```

ここで，「sinx.txt」は，$y = \sin(x)$ のグラフを $-2\pi \leq x \leq 2\pi$ の範囲で gnuplot に描画させる命令を保存した，次のような内容のテキストファイルである．

```
set terminal postscript eps
set output "sinx.eps"
set title font "Helvetica,␣24"
set xlabel "x"
set ylabel "y"
set xlabel font "Helvetica,␣16"
set ylabel font "Helvetica,␣16"
set tics font ",16"
set key font "Helvetica,␣20"
set title "sin(x)"
set xrange [-6.283184:6.283184]
plot sin(x) with lines linewidth 4
```

また，「message.py」は，ターミナルにメッセージ「Hello, friends!」と「You can use Python from Fortran.」を表示させる Python の命令を保存した，次のような内容のテキストファイルである．

```
print("Hello,␣friends!")
print("You␣can␣use␣Python␣from␣Fortran.")
```

プログラム A.1 を実行すると，次のようなグラフが新しいウィンドウに表示される．

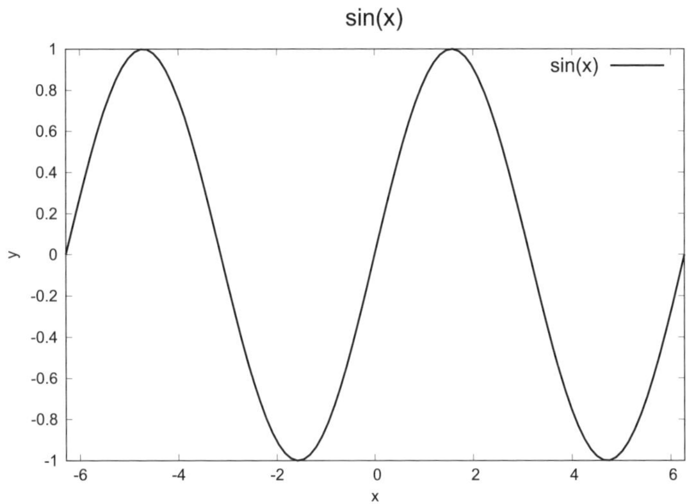

また，同時にターミナルには Python からの出力が次のように表示される．

```
user@PC callexecute % gfortran callexecute.f90 -o a
user@PC callexecute % ./a
Hello, friends!
You can use Python from Fortran.
```

call get_environment_variable(name[,value][,length][,status][,trim_name])

オペレーティングシステムで設定されている環境変数の値を取得するサブルーチンである．

name は取得したい環境変数の名前を格納した文字列である．trim_name の値が.false.でなければ，変数名の後ろに空白文字が続いていても問題がない．

value は，環境変数の値を格納した文字型変数である．この変数の長さが環境変数の値よりも短いときは，格納できない部分を削除し，環境変数の値よりも長いときは，後ろに空白文字を追加して返す．

length には value の長さを返す．

status には，正常に value が取得された場合または値がない場合は 0，環境変数が存在しない場合は 1，環境変数の値の長さより変数 value の長さが短い場合は-1，それ以外のエラーが発生した場合は 3 を返す．

trim_name は論理値であり，.true.（既定値）の場合は name 中の末尾の空白は削除され，.false. が指定された場合は，name 中の末尾の空白には意味があると見なし，空白は削除されない．

command_argument_count()

プログラムを実行したコマンドの引数の個数を返す関数．

call get_command_argument(number[,value][,length][,status])

プログラムを実行したときのコマンドの引数の値を取得する．

number には取得したい引数の番号を指定する．

value は文字型変数であり，number に対応する引数の値（number=0 はコマンド名自身）を文字列として返す．コマンド引数の文字列としての長さが value よりも短いときは，後ろに空白文字を追加して返し，value よりも長いときは，その部分が削除されたものを返す．例えば完成したプログラムの名前を prog とし，引数が arg1, arg2, arg3 であったとすると，ターミナルから実行したコマンドは例えば

```
./prog arg1 arg2 arg3
```

のようになる．このとき，このサブルーチンを呼ぶと，number=0, 1, 2, 3 に対して，value はそれぞれ ./prog, arg1, arg2, arg3 となる．

length には number で指定した value の長さを返す．

status には引数を取得できない場合は正の整数，変数 value が引数の長さよりも短い場合は-1，それ以外は 0 を返す．

call get_command([command][,length][,status])

プログラムを実行したときのコマンドを返す．

command は文字列であり，変数 command が実際のコマンドの長さよりも短いときは-1，それ以外は 0 を返す．

length は整数であり，コマンドが取得できなかったときは 0，取得できたときはコマンドの文字列長を返す．

status は整数であり，変数 command が実際のコマンドの長さよりも短いときは-1，それ以外は 0，コマンドが取得できないときは正の整数を返す．

compiler_version()

コンパイラのバージョンを文字列で返す関数．

compiler_options()

コンパイル時に指定されたコンパイルオプションを文字列で返す関数．

A-4　組み込みモジュール

C 言語プログラムとの結合の環境を定義した iso_c_binding のように，コンパイラがあらかじめ用意したモジュールを組み込みモジュールとして提供している．ここではそのうちのファイル入出力装置番号等の Fortran 環境に対する情報を定義している iso_fortran_env の内容を示す．このモジュールで定義されたパラメータ等を使用するときは，use 文で例えば

```
use, intrinsic :: iso_fortran_env
```

のように指定する.

以下に，iso_fortran_env モジュールの中で定義されているパラメータ等の内容を示す.

character_storage_size

文字列を保存する際の 1 文字の保存単位をビット数で示す．通常，8 が設定されている.

error_unit

エラーが発出されるときの装置番号で，通常は 0 が設定されている.

file_storage_size

ファイルにデータを保存するときの単位記憶ビット長で，通常は 8 が設定されている.

input_unit

標準入力装置番号で，通常は 5 が設定されている.

iostat_end

入出力でファイルの終端が検出されたときに iostat=によって返される数値.

iostat_eor

入出力でレコードの終端が検出されたときに iostat=によって返される数値.

iostat_inquire_internal_unit

inquire 関数で iostat=を問い合わせる際にファイル装置番号が内部装置番号を識別する場合の整数値.

stat_locked

Coarray で実行中のイメージによって lock 文を用いて変数をロックする際に，stat=キーワードによって返される値.

stat_locked_other_image

Coarray で実行中の別のイメージによって lock 文を用いて変数をロックする際に，stat=キーワードによって返される値.

stat_unlocked

Coarray で実行中のイメージによって unlock 文を用いて変数をアンロックする際に，stat=キーワードによって返される値.

stat_stopped_image

Coarray でイメージが同期して実行中にイメージの実行が終了していたときに，stat=キーワードに返される値.

output_unit

print 文，write(*,*) 文などで出力される標準出力の装置番号.

A-5　組み込みモジュール iso_fortran_env で定義されている種別パラメータ

整数型と実数型について次の種別パラメータが定義されている.

int8　　8 ビット整数型
int16　　16 ビット整数型
int32　　32 ビット整数型
int64　　64 ビット整数型
real32　　32 ビット実数型
real64　　64 ビット実数型
real128　　128 ビット実数型

これらは，例えば次のように用いられる.

```
program example
    use, intrinsic :: iso_fortran_env
    implicit none
    integer,parameter :: dp=real64, i8b=int64
    integer(kind=int64) :: inum
    real(kind=real64) :: x
```

```
    x = 3.14_dp
    inum = 99_i8b
    print *, x, inum
end program example
```

付録 B

Makefile を用いたプログラムのビルド

実際のソフトウェア開発では，プログラム中の処理の単位を複数のモジュール，サブルーチン，関数に分けて別々のファイルで作成し，それらを結合して実行プログラムを作成する方法がとられる．その際はプロジェクトに対して必要なソースファイル，リソース，データなどをまとめて管理し，個々のファイルをコンパイル・リンクし，実行プログラムのビルドやデバッグを行う統合開発環境（IDE）が用いられることが多い．これに対して，個々のソースファイルのコンパイル方法や実行プログラムをビルドする方法を記述した `Makefile` と呼ばれるテキストファイルを作成し，ターミナルから 1 つのコマンド `make` を実行することによって `Makefile` に記述された手順に従ってビルドする方法がある．これは，最も簡便かつ多くのオペレーティングシステムで利用できる強力な方法である．すでに 8-2 節で使用例を示しているが，`Makefile` は図 B.1 に示すような要素を記述したものからなる．

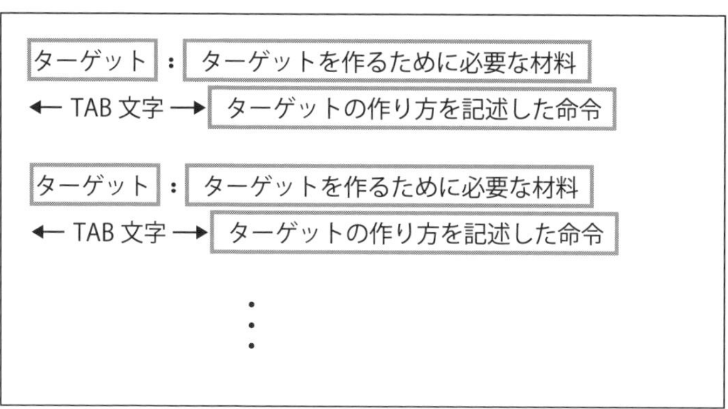

図 **B.1**　`Makefile` 中に記述される内容

例えば，モジュールファイルが mod.f90，メインプログラムが main.f90，サブルーチンと関数副プログラムがそれぞれ sub.f90，func.f90 であるとする．これらをコンパイル・リンクして作成される実行プログラムが app であったとし，gfortran を用いて実行プログラムを作成するために入力しなければならないコマンドを順番に記すと，プログラム B.1 またはプログラム B.2 のようになる．

プログラム B.1　コンパイルとリンクの手順の例 1

```
gfortran -c mod.f90
gfortran -c sub.f90
gfortran -c func.f90
gfortran -c main.f90
gfortran -o app mod.o sub.o func.o main.o
```

プログラム B.2　コンパイルとリンクの手順の例 2

```
gfortran -c mod.f90 sub.f90 func.f90 main.f90
gfortran -o app mod.o sub.o func.o main.o
```

このように複数のソースに分けてプログラムを作成する過程では，一つ一つのソースを順番に完成させたり，一部のソースを変更したりすることがある．したがってプログラム B.2 のようにして何百，何千ものソースを毎回全てコンパイルする必要はなく，プログラム B.1 のようにソースごとにコンパイルしておけば，新しいソースや修正があったソースのみコンパイルすればよいことになる．

プログラム B.1 による手順を Makefile で記述した簡単な例をプログラム B.3 に示す．

プログラム B.3　Makefile の例

```
all : app

app : mod.o sub.o func.o main.o
	gfortran -o app mod.o sub.o func.o main.o
```

```
5
6  mod.o : mod.f90
7      gfortran -c mod.f90
8
9  sub.o : sub.f90
10     gfortran -c sub.f90
11
12 func.o : func.f90
13     gfortran -c func.f90
14
15 main.o : main.f90
16     gfortran -c main.f90
```

プログラム B.3 の `Makefile` の手順に従って実行プログラム app をビルドするには，ターミナルから make と入力して実行するだけでよい．プログラム B.3 の 1 行目は，処理の全体を表すターゲット `all` は app に依存していることを表している．2 行目のように空白行を挿入して見やすくすることも可能である．また，3 行目のターゲット app はオブジェクトコード `mod.o`, `sub.o`, `func.o`, `main.o` に依存していることを意味している．4 行目は `mod.o`, `sub.o`, `func.o`, `main.o` から app を作る方法が記述されている．4 行目のインデントは必ずタブ文字でなければならない．空白文字ではエラーとなることに注意する必要がある．6 行目はオブジェクトコード `mod.o` は `mod.f90` に依存していることが記述され，6 行目は `mod.o` の作り方が記述されている．以下の行も同様のルールに基づいて記述されている．

初めてこの `Makefile` を実行する場合の動作を考えてみよう．make コマンドはターゲット（コロン : の左側に記述されているもの）を順番に見て行き，ターゲットが作成された日時とターゲットが依存関係にある材料の作成日時を比較する．ターゲットが作成された日時の方が古い場合は，その材料は新しく作成されたか変更されていることを意味するので，タブ文字でインデントされた直下の行のコマンドを実行してターゲットを更新する．このプロセスをターゲットが作成された日時の方が古いもの全てに対して実行し，ターゲットを作成・

更新するのが Makefile の仕組みである．これは，ターゲットを作成するために必要な全てのソースを再コンパイルせず，更新が必要なもののみを自動的に更新する方法である．これにより多くのソースからなるソフトウェア開発の管理が容易になり，開発を効率的に行うことができる．

開発終了後はオブジェクトコードはもはや必要ないのでコマンド rm *.o を実行することによりそれらを削除できるが，このような操作もプログラム B.4 のように Makefile 中に追加すれば，make コマンドで実行できる．ただし，clean は不要なファイルを削除する操作を表すターゲット名であり，それを作る材料は必要ないため，コロンの右側は空欄となっている．clean ターゲットを更新するにはコマンド

```
make clean
```

をターミナルから実行する．このように make コマンドの実行方法は

```
make [ターゲット名]
```

となる．

プログラム **B.4**　オブジェクトコードを削除する Makefile の例 1

```
clean :
	rm *.o
```

ここで，make clean コマンドの場合，clean ターゲットと比較する材料は存在しないので，その直下のコマンドは必ず実行されることになるが，clean ターゲットと同じ名前のファイルが偶然 Makefile を置いたディレクトリ（フォルダ）内に存在すると，そのファイルの最終更新日時をチェックすることになり，比較する材料がないために常に最新となり，その直下のコマンドが実行されないことになってしまう．したがって，clean はファイル等のオブジェクトではなく単なる呼称であるということを Makefile 中に明記するために.PHONY ターゲットが用意されている．このようにファイルとして存在しないターゲットは疑似ターゲットと呼ばれる．すなわち，.PHONY: clean を一行追加すると，疑似ターゲット.PHONY は clean からなっているという意味が追加され，ディレク

トリ（フォルダ）内に clean という名前のファイルが有る場合にも，clean : の直下のコマンドが常に実行されることになる．.PHONY ターゲットを追加してプログラム B.4 を修正すると，プログラム B.5 のようになる．

プログラム B.5　オブジェクトコードを削除する Makefile の例 2

```
.PHONY: clean
clean :
   rm *.o
```

プログラム B.3 の Makefile では，コンパイラとして gfortran を用いているため随所に gfortran コマンドが記述されている．しかしながら，コンパイラを別のものにした場合は gfortran コマンドを対応するコンパイラのコマンドに変更しなければならない．このような煩雑さを避けるために，Makefile ではマクロを定義することができる．マクロは マクロ名 = 置き換える文字列 のように定義する．マクロを参照するときは $(マクロ名) とすることで，等号 = の右側の全ての文字列に置き換えられる．一般にコンパイルやリンクの際には，コンパイルオプション，ライブラリのファイルパス，インクルードするファイルのパスなども指定する必要がある．それらに対してもマクロを定義しておくとよいが，その必要がないときは，マクロの定義で等号 = の右側を空白としておけばよい．またコンパイルの際には，Fortran のファイルには拡張子 .f90 がついており，オブジェクトコードには拡張子 .o がついているので，「.o がついたファイルは .f90 から作られる」というような暗黙のルールも指定することができるようになっている．その方法を用いると，プログラム B.3 の Makefile のような冗長な書き方が不要となり，Makefile を簡潔なものとすることができる．その際に用いられる方法は，サフィックスルールやパターンルールと呼ばれる．

マクロとサフィックスルールを用いて，出力 10.1 で実行した一連のコマンドを Makefile にした例をプログラム B.6 に示す．この Makefile 中の # で始まる行は注釈行である．1～33 行でマクロを定義している．36 行目はサフィックスルールであり，44，45 行目および 48，49 行目のようにこれらの拡張子を持つソースが一気にコンパイルされる．45 行目と 49 行目の記号`$<`は，コンパイルすべき一連のソースコードを意味する．また 41 行目は，マクロ `OBJ` からターゲットを作成するためのリンクコマンドであり，記号 `$@` は，ターゲット名を表す．51〜57 行はパターンルールに基づくコンパイルの方法を注釈にしてある．この場合 `%.o: %.f90` などは，拡張子 `.o` がつくファイルが拡張子 `.f90` に依存していることを意味し，対応関係がある全てのファイルについてその直下の 53 行目のコマンドが実行される．65，66 行目は，完成したプログラムをマクロ `DEST` で指定したディレクトリにインストールするコマンドである．

プログラム **B.6**　Fortran と C 言語のプログラムからなる `Makefile` の例

```
1  # Fortranコンパイラ
2  FC  =  gfortran
3
4  # Cコンパイラ
5  CC  =  gcc
6
7  # リンカ
8  LD  =  gfortran
9
10 # ライブラリパス
11 # LIB  =  -L./lib -lfile
12 LIB  =
13
14 # インクルードパス
15 FINC  =  -I./f_inc
16 CINC  =  -I./c_inc
17
18 # コンパイルコマンドのフラグ
19 CFLAGS  =  -g -Wall
20 # FFLAGS = -O0 -Wall
21 FFLAGS  =  -O0 -s
22
23
24 # ターゲット名
```

```
TARGET  =  a

# インストール先のディレクトリ
DEST  =  ./bin

# オブジェクトコード
OBJ  =  c_fortran.o \
   f_func.o \
   val_from_c.o

# サフィックスルール
.SUFFIXES : .o .c .f90

all: $(TARGET)

$(TARGET): $(OBJ)
   $(LD) -o $@ $(OBJ) $(LIB)

# サフィックスルールに基づくFortranソースのコンパイル
.f90.o:
   $(FC) $(FFLAGS) $(FINC) -c $<

# サフィックスルールに基づくC言語ソースのコンパイル
.c.o:
   $(CC) $(CFLAGS) $(CINC) -c $<

# パターンルールに基づくFortranソースのコンパイル
# %.o: %.f90
#  $(FC) $(FFLAGS) $(FINC) -c $<
#
# パターンルールに基づくC言語ソースのコンパイル
# %.o: %.c
#  $(CC) $(CFLAGS) $(CINC) -c $<

# 不要なファイルを削除
.PHONY : clean
```

```
clean:
	rm -f *.o *~ *.mod core

# ターゲットをインストール
install : $(TARGET)
	install -s $(TARGET) $(DEST)
```

付録 C

ライブラリの作成と利用

プログラムを開発するとき，部分的にすでに作成されているプログラムを利用できれば，開発効率の向上やミスの削減を図ることができる．また，連立方程式の求解，高速フーリエ変換など数学上の基本的なアルゴリズムは，専門家によるプログラムが数多く用意され，コンパイル済みのライブラリとして提供されている．

ライブラリは，多くの単体のサブルーチンや関数副プログラムとそれらのインターフェース・モジュールをアーカイブとして 1 つのファイルに格納したもので，利用者は，利用したいライブラリのモジュールを利用する宣言をソースコード中に挿入しておけば，コンパイル時にライブラリをリンクすることにより，必要な部分が結合された単体のプログラムとして作成することができる．このようなライブラリは静的ライブラリ（スタティック・ライブラリ）と呼ばれる．一方，多くのプログラムで同じライブラリを使用するような場合がある．このような場合は，共有ライブラリ（または動的ライブラリ，ダイナミック・ライブラリ）と呼ばれるもので，プログラム作成時に共有ライブラリの入り口の情報のみリンクしておき，実行時にプログラムに必要な部分がライブラリからリンクされる．

専門家によって開発され，提供されているライブラリ（あるいはライブラリとしてリンクできるソースコードからなるパッケージ）には例えば次のようなものがある．

BLAS，Sparse BLAS

名称は Basic Linear Algebra Subprograms の略である．線形代数の計算の基本的な関数を提供している．Sparse BLASは，BLASの疎行列・ベクトル用のパッケージである．

LAPACK

名称はLinear Algebra PACKageの略である． 数値線形代数計算用のソフトウェアライブラリであり，線形の連立方程式，最小二乗問題，固有値と固有ベクトルの計算など多くのプログラムが用意されている．

SLATEC

SLATECは多くの汎用数学・統計のプログラムからなるライブラリである．ソースコードはFortranの古いバージョンであるFORTRAN 77によって書かれているが，現在のFortranにリンクして使うことができる．使用はパブリック・ドメインである．

EISPACK

EISPACKでは，固有値，固有ベクトルを計算する多くのプログラムが用意されている．利用できる行列は，複素数の一般行列，エルミート行列，実数の一般行列，実数の対称行列，実数の対称帯行列，実数の対称三角行列，実数の三角行列，一般化実数行列，一般化対称実数行列である．

ARPACK

ARPACKは，行列を用いないでアーノルディ（Arnoldi）法による大規模固有値問題を解くライブラリである．

PARDISO

PARDISOは疎行列用の連立一次方程式の直接法ソルバーであり，スイスのバーゼル大学で開発された．

MKL

名称はMath Kernel Libraryの略である．インテルが提供しているライブラリで，上で述べた多くのライブラリを内部に含んだパッケージである．高速に動作するようにインテルのCPUに最適化されている．

ライブラリの作成とリンクの方法は，コンパイラとリンカによって異なる．以下に簡単なプログラムを用いて`gfortran`での例を示す．プログラムC.1に，ライブラリとして使用するサブルーチンのリストを示す．サブルーチン`printa`

は Printing a という文字列と a の内容 1 を表示する．サブルーチン printb は Printing b という文字列と b の内容 2 を表示する．また，プログラム C.2 は，サブルーチン printa と printb を呼び出すだけのプログラムである．

プログラム C.1　ライブラリを作成するサブルーチン例（flib.f90）

```
subroutine printa
   use, intrinsic :: iso_fortran_env
   implicit none
   integer :: a=1
   print *, 'Printing␣a',a
end subroutine printa

subroutine printb
   use, intrinsic :: iso_fortran_env
   implicit none
   integer :: b=2
   print *, 'Printing␣b',b
end subroutine printb
```

プログラム C.2　ライブラリを使用するプログラム例（test.f90）

```
program test
   interface
      subroutine printa
         use, intrinsic :: iso_fortran_env
         implicit none
      end subroutine printa
   end interface

   call printa
   call printb

end program test
```

flib.f90 から静的ライブラリを作るには，ターミナルから例えば次のようにする．1 行目では，flib.f90 をコンパイルしてオブジェクト flib.o を作成している．2 行目では，静的ライブラリのアーカイブ flib.a を作成して，flib.o をそれに追加している．ar はアーカイブの操作を行うコマンドである．cr はオプションで c はアーカイブを作成 (create)，r はアーカイブにメンバを追加することを指示している．3 行目では，test.f90 をコンパイルして実行プログラム test を作成している．-L./はライブラリが存在するディレクトリを指定している．この場合，ライブラリが現在のディレクトリにあることを意味している．

```
user@PC lib % gfortran -c flib.f90 -o flib.o
user@PC lib % ar cr flib.a flib.o
user@PC lib % gfortran -o test test.f90 -L./ flib.a
```

作成されたプログラムを実行すると次のようになる．

```
user@PC lib % ./test
 Printing a            1
 Printing b            2
```

次に，gfortran を用いて flib.f90 から共有ライブラリを作る場合のコマンドの例を以下に示す．

```
user@PC lib % gfortran -fpic -c flib.f90
user@PC lib % gfortran -shared -o flib.so flib.o
user@PC lib % gfortran -o stest test.f90 -L./ flib.so
```

1 行目のオプション-fpic は共有ライブラリを作成するためのオプションである．このコマンドにより，共有ライブラリのためのオブジェクトコード flib.o が作成される．2 行目は flib.o から共有ライブラリ flib.so を作成する．オプション-shared は，共有ライブラリを作成するためのオプションである．拡張子.so で，オブジェクトが共有ライブラリであることを意味している．3 行目では test.f90 が現在のディレクトリの共有ライブラリ flib.so を使用するものとして，実行プログラム stest が作成される．ターミナルで，./stest を実行すると上と同じ出力が得られるが，もし `flib.so` を削除しておくと，実行時に動的にリンクすべきライブラリが見つからないため，`"Library not loaded: flib.so"`のようにライブラリ `flib.so` が読み込めないという以下のようなエラーが発生するので，実行プログラム `stest` には呼び出すサブルーチンを含むライブラリは静的にはリンクされていないことがわかる.

```
dyld[32849]: Library not loaded: flib.so
  Referenced from: /Users/user/lib/stest
  Reason: tried: 'flib.so' (no such file), '/usr/local/lib/flib.so' (no such file), '/usr/lib/flib.so' (no such file), '/Users/user/lib/flib.so' (no such file), '/usr/local/lib/flib.so' (no such file), '/usr/lib/flib.so' (no such file)
zsh: abort      ./stest
```

参考文献

仕様書

1. ISO/IEC 1539:1991（Fortran 90 の仕様）
2. ISO/IEC TS 1539-1:1997（Fortran 95 の仕様）
3. ISO/IEC TS 1539-2:2000(E)（Fortran 95 の拡張）
4. ISO/IEC TR 19767:2005（Fortran 2003 の仕様）
5. ISO/IEC TS 29113:2012（Fortran 2008 の仕様）
6. ISO/IEC TS 18508:2015 （Fortran 2008 の拡張, coarray など）

書籍

1. 戸川隼人，ザ・Fortran 90/95，サイエンス社，1999 年
2. M. Metcalf, J. Reid, M. Cohen, Fortran 95/2003 explained, 3rd Ed., Oxford, 2004
3. M. Metcalf, J. Reid, M. Cohen, Modern Fortran explained, 4rd Ed., Oxford, 2011
4. N.S. Clerman, W. Spector, Modern Fortran: Style and Usage, Cambridge, 2011
5. M. Metcalf, J. Reid, M. Cohen, Modern Fortran explained, Incorporating Fortran 2018, Oxford, 2018
6. I. Chivers, J. Sleightholme, Introduction to Programming with Fortran, 4th Ed., Springer, 2018
7. 杉原正顯，室田一雄，線形計算の数理，岩波書店，2009 年

索　引

記号・英数字

あ 行

か 行

さ 行

た 行

な 行

は 行

ま 行

や 行

ら 行

《著者紹介》

松本　敏郎（まつもと　としろう）

1983 年　東京大学工学部卒業
1988 年　東京大学大学院工学系研究科博士課程修了
現　在　名古屋大学大学院工学研究科教授，工学博士

野老山貴行（ところやまたかゆき）

2001 年　東京都立科学技術大学工学部卒業
2006 年　名古屋工業大学大学院工学研究科博士課程修了
現　在　名古屋大学大学院工学研究科准教授，博士（工学）

みんなの Fortran

2022 年 4 月 30 日　初版第 1 刷発行

定価はカバーに
表示しています

著　者　松 本 敏 郎
　　　　野老山貴行

発行者　西 澤 泰 彦

発行所　一般財団法人 名古屋大学出版会

〒 464-0814　名古屋市千種区不老町 1 名古屋大学構内
電話 (052)781-5027/FAX(052)781-0697

印刷・製本　三美印刷 (株)　　ISBN978-4-8158-1087-0

乱丁・落丁はお取替えいたします。